本书是辽宁省社会科学规划基金项目"辽宁省制造业创新网络演化路径及网络创新绩效评价研究（L20CGL018）"的最终成果

开放式创新与创新网络演化：
基于案例与多主体建模仿真的探索性研究

KAIFANGSHI CHUANGXIN YU CHUANGXIN WANGLUO YANHUA:
JIYU ANLI YU DUOZHUTI JIANMO FANGZHEN DE TANSUOXING YANJIU

程露 著

中国财经出版传媒集团
经济科学出版社
Economic Science Press

图书在版编目（CIP）数据

开放式创新与创新网络演化：基于案例与多主体建模仿真的探索性研究／程露著． ——北京：经济科学出版社，2022.12

ISBN 978 - 7 - 5218 - 4417 - 7

Ⅰ.①开…　Ⅱ.①程…　Ⅲ.①企业创新 - 研究　Ⅳ.①F273.1

中国国家版本馆 CIP 数据核字（2023）第 014043 号

责任编辑：周胜婷
责任校对：靳玉环
责任印制：张佳裕

开放式创新与创新网络演化：
基于案例与多主体建模仿真的探索性研究
程 露 著

经济科学出版社出版、发行　新华书店经销
社址：北京市海淀区阜成路甲 28 号　邮编：100142
总编部电话：010 - 88191217　发行部电话：010 - 88191522
网址：www. esp. com. cn
电子邮箱：esp@ esp. com. cn
天猫网店：经济科学出版社旗舰店
网址：http://jjkxcbs. tmall. com
固安华明印业有限公司印装
710 × 1000　16 开　14.25 印张　300000 字
2023 年 2 月第 1 版　2023 年 2 月第 1 次印刷
ISBN 978 - 7 - 5218 - 4417 - 7　定价：86.00 元

前　　言

在开放式创新时代下，技术创新的成功不仅仅在于创新企业自身拥有的知识存量和研发能力，更取决于企业赖以生存的创新网络能否为企业提供互补性的知识和创新资源。作为孕育技术创新的摇篮，创新网络不仅决定着企业生存，还关系到产业技术进步和区域经济发展，是国家创新能力和竞争优势的集中体现。然而，在现实经济实践过程中，成功的创新网络只是少数，绝大多数创新网络发育不足、成长畸形，甚至出现倒退和衰落现象。创新网络如何保持长期健康的发展趋势？企业如何依托创新网络来实现高效成长？政府应如何管理和维护创新网络以确保产业和区域竞争优势的提升？一系列现实问题亟待解答。

在此大背景下，本书开展对创新网络演化规律的探索。沿着"提出问题—分析问题—解决问题"的思路，本书在现有相关研究成果的基础上，从 CAS 理论视角出发，围绕"开放式创新行为驱动的创新网络演化"这一核心主题，综合运用文献分析法、案例研究法和主体建模仿真方法，逐步回答以下三个逻辑紧密相关的问题：（1）企业开放式创新行为过程有哪些主要行为环节？在各行为环节中有何种特征表现？受哪些关键因素的影响？（2）创新网络"整体网"演化表现出何种规律？（3）创新网络"个体网"演化表现出何种规律？本书主要研究结论如下：

第一，关于企业开放式创新行为。本书聚焦典型的内向型开放式创新行为——外部知识搜索，研究其有哪些主要行为环节，在各行为环节有何种特征表现，受哪些关键因素的影响。本书研究发现，外部知识搜索行为过程涵盖搜索范围划分、合作伙伴选择、企业间联系形成三个主要外部环节。在不同行为环节，受不同因素的影响。

第二，关于创新网络"整体网"演化规律。本书研究发现，企业群体开放度对"整体网"结构和创新绩效具有显著影响，但搜索宽度和深度的作用效果有所差别，并受创新破坏度的调节。

第三，关于创新网络"个体网"演化规律。本书研究发现，企业个体开放度对"个体网"的结构和创新绩效具有显著影响，但个体搜索宽度和深度的影响效果存在明显差别，并受创新破坏度调节。

目 录

第 1 章 绪论 / 1

    1.1 研究背景 / 1

    1.2 研究现状 / 8

    1.3 研究问题与术语辨析 / 17

    1.4 研究目的和意义 / 21

    1.5 研究思路、内容和方法 / 24

    1.6 本书创新点 / 28

    1.7 本章小结 / 29

第 2 章 文献综述 / 30

    2.1 创新网络理论 / 30

    2.2 开放式创新理论 / 42

    2.3 开放式创新行为 / 51

    2.4 本章小结 / 55

第 3 章　基于 CAS 理论的创新网络演化研究框架 / 58

　　3.1　复杂适应系统：属性、个体适应性行为

　　　　及演化过程 / 59

　　3.2　创新网络的复杂适应系统特征 / 62

　　3.3　CAS 理论视角下的创新网络演化研究框架 / 67

　　3.4　本章小结 / 70

第 4 章　CAS 视角下的创新网络演化机制 / 71

　　4.1　开放式创新行为：大机车 HX3 开发的案例分析 / 71

　　4.2　开放式创新行为驱动的创新网络演化机制 / 86

　　4.3　本章小结 / 91

第 5 章　基于 CAS 理论的创新网络 "整体网"

　　演化仿真研究 / 93

　　5.1　模型构建 / 93

　　5.2　"整体网" 分析评价体系 / 101

　　5.3　仿真实验结果分析：网络结构 / 107

　　5.4　仿真实验结果分析：网络创新绩效 / 128

　　5.5　本章小结 / 144

第 6 章　基于 CAS 理论的创新网络 "个体网"

　　演化仿真研究 / 146

　　6.1　模型构建 / 147

　　6.2　"个体网" 分析评价体系 / 154

　　6.3　仿真实验结果分析：网络结构 / 159

6.4　仿真实验结果分析：网络创新绩效 ／ 164

6.5　本章小结 ／ 175

第 7 章　结论与展望 ／ 176

7.1　主要研究结论 ／ 176

7.2　实践启示 ／ 178

7.3　研究局限与未来展望 ／ 180

附录 A　低创新破坏度环境下的"整体网"网络结构特征 ／ 183

附录 B　高创新破坏度环境下的"整体网"网络结构特征 ／ 188

参考文献 ／ 193

后记 ／ 219

第 *1* 章

绪　　论

1.1　研究背景

自二战结束以来，技术创新在促进经济增长和推动社会发展方面发挥着越来越重要的作用，其不仅是企业持续成长的核心驱动要素，也是国家和地区竞争优势的关键组成部分（Ezell，Atkinson，2010；Curley，Salmelin，2013；Acs，Audretsch，Lehmann，2017）。进入 20 世纪 80 年代，随着全球化浪潮在各产业领域的持续渗透、知识快速更新及增长以及互联网信息技术的迅猛发展，技术创新全面迈入"开放式创新"时代（Chesbrough，2006，2017；Enkel，Gassmann，Chesbrough，2009；Schwerdtner et al，2015；Vanhaverbeke，Roijakkers，Lorenz，2017）。

1.1.1　企业技术创新范式转变：从封闭到开放

20 世纪 80 年代之前，企业技术创新战略和研发活动主要遵循着"封闭"原则，即：企业独自承担绝大多数技术创新任务，依靠自身的创新资源和持续的高强度技术开发，在内部相对封闭的研发体系中形成新创意、开发新产品或推出新服务，并通过内部渠道确保对知识与技术的严格控制，以维持自身的核心竞争力（Chesbrough，2003，2007；戴亦欣，胡赛全，2014）。

这种封闭式创新（closed innovation）范式认为企业是有边界的，且边界是相对封闭的，知识和技术难以从中渗透。封闭式创新强调研究与开发的独立性特征，前者决定成本，而后者则主导利润。伴随"边界封闭"和"二元研发结构"的主导逻辑，封闭式创新主张企业通过有限的内部创新资源与创新能力的结合，实现对知识和技术的独享，以及创新收益垄断。实施封闭式创新战略行为模式的企业，其技术创新成果从内部研发到外部商业化可以视为一个层层筛选、不断细化的过程，可以用一个"漏斗"来描述（Chesbrough，Vanhaverbeke，West，2006），如图1.1所示。值得注意的是，"封闭式创新"对企业的研发能力和创新资源要求较高，其实践主体一般是大型企业的"中央实验室"，如 IBM 的沃森实验室（Watson Lab）、AT&T 的贝尔实验室（Bell Lab）、施乐（Xerox）的帕洛阿尔托（PARC）研究中心等。

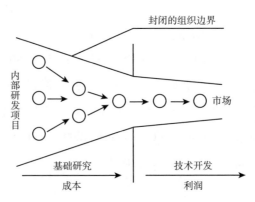

图1.1 封闭式创新范式示意

资料来源：亨利·切萨布鲁夫. 开放式创新［M］. 金马译. 北京：清华大学出版社，2005。

在相当长的一段时期内，封闭式创新获得了巨大的成功，其在大企业成长、产业技术进步和区域经济发展等方面均扮演着重要角色。这主要归因于在封闭范式驱动下，大企业内部形成了通过追加研发投入，来带动基础的研究和应用技术的突破，进而实现产品技术优化升级或推出新服务，并最终获得高额创新利润的"良性循环"，如图1.2所示。

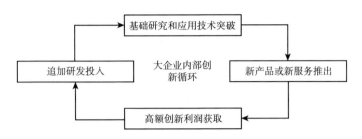

图1.2 封闭式创新驱动的企业内部创新活动"良性循环"示意

资料来源：亨利·切萨布鲁夫. 开放式创新［M］. 金马译. 北京：清华大学出版社，2005。

然而进入20世纪80年代，全球化浪潮的兴起和互联网信息技术迅猛发展，知识产生、应用和流动的内部条件和外部环境发生了巨大变化。首先，在知识快速更新和技术日益复杂化趋势下，一方面，单个企业难以掌控其技术创新活动所需的全部知识技术和创新资源，研发难度和成本大幅上升，企业面临严峻的创新挑战；另一方面，产业技术更新换代不断加快，产品生命周期大幅缩短，企业市场竞争愈发激烈（Van de Vrande et al，2009；Huizingh，2011）。其次，在持续增强的研发人员流动性和飞速发展的互联网信息技术的双重影响下，知识外溢效应愈发显著，表现为传播速度加快和扩散范围放大。最后，技术创新的利益相关者群体发展壮大，主要表现为各种外部风险资本和政府政策对企业技术创新活动的介入度越来越高（Lichtenthaler，Ernst，2008；Chesbrough et al，2011）。这些变化使得企业内部创新"良性循环"的前提假设被打破，封闭式创新范式的效率大大降低。在这种背景下，越来越多的企业开始尝试一种新的创新范式——开放式创新（open innovation）。

开放式创新概念于2003年由哈佛大学商学院亨利·切萨布鲁夫（Chesbrough）教授首次明确提出。其核心理念从20世纪80年代末兴起的"国家/区域/产业/技术创新系统"（national/regional/sectoral/technological innovation system）思想（Lundvall，Dosi，Freeman，1988；Cooke，Uranga，

1997；Klein，Sauer，2016），以及从90年代中期迅猛发展的"创新网络"（innovation network）理论（Powell，Koput，Smith-Doerr，1996；Swan et al，1999；Schilling，Phelps，2007），演变而来。开放式创新认为企业的边界是开放的，内外部知识可以从企业边界不同程度地渗透，且技术创新过程中的基础研究与应用开发是一体的。在"（半）开放边界"和"一体化研发"主导逻辑影响下，开放式创新范式主张企业应该有目的地让知识由内及外或由外及内地流动，以促进内部新知识产生与积累，并实现知识的外部市场化应用（Chesbrough，2006；陈劲，陈钰芬，2008）。

与封闭式创新范式的"漏斗"模型相比，在开放式创新范式下，技术创新成果从创意产生到最终成为进入市场的产品过程可以用一个"筛子"来形容（Chesbrough，Vanhaverbeke，West，2006），如图1.3所示。企业适度保持边界的开放性和透明性，以同时进行内外部技术创新活动。一方面，从外部吸收有价值的互补性知识和创意，以优化内部创新效率；另一方面，将内部闲置的知识和创意向外输出，获得更多的创新价值。具体地，开放式创新与封闭式创新的差别主要体现在人才、资源、外部创新、商业化和知识产权等五方面，如表1.1所示。

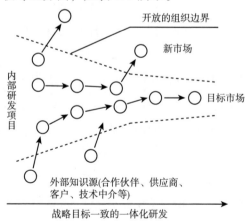

图1.3　开放式创新范式示意

资料来源：亨利·切萨布鲁夫. 开放式创新［M］. 金马译. 北京：清华大学出版社，2005。

表 1.1   封闭式创新与开放式创新的比较

项目	封闭式创新	开放式创新
人才观念	尽可能地招揽本行业最聪明的人才进行内部研发	可以通过有效整合公司内外部智力资源，让内部研发人才和外部技术专家同时为公司创造价值
资源观念	所掌握的创新资源越多，在市场竞争中的优势就越大	打造成熟的商业模式，实现资源优化配置，远比占有单一的创新资源更有意义
外部创新观念	企业应独自承担研发项目的各个环节和全过程	外部创新与内部创新同等重要，都可以为企业带来巨大利益和竞争优势
商业化观念	为了实现技术创新的价值化，企业应亲自把研发成果转化为商品或服务，并推向市场	研发成果的商业化过程既可以从企业内部渠道进行，也可以从外部渠道展开
知识产权观念	如果核心知识和关键技术是在企业内部发现和产生的，应该封闭和保密，以保持自身在行业中的领先地位和竞争优势	获取和创造知识的终极目的在于盈利。如果让其他组织使用企业的核心知识和关键技术是利大于弊的，那么应该果断对外进行知识输出。同时，只要有利可图，企业也可以从其他组织中购买别人的知识产权

资料来源：亨利·切萨布鲁夫. 开放式创新［M］. 金马译. 北京：清华大学出版社，2005。

1.1.2 创新网络大量涌现

技术创新从封闭范式到开放范式的转变不仅体现在企业个体层面的边界开放，还体现在群体层面——各种网络结构组织形式的创新系统，即创新网络，包括开放式创新平台、虚拟创新社区、产业集群网络、供应链网络、科技园区和智慧城市等的大量涌现。

首先，创新网络的大范围兴起和迅速发展是企业群体广泛实施开放式创新战略模式的必然结果。企业群体的开放式创新实践强化了企业间联系的紧密程度，加深了彼此的相互依赖性。一方面，单个企业无法承担技术创新各环节的全部研发项目和任务，难以掌控技术创新所需的全部创新资源和知识技术，需要与外部知识源频繁互动，通过购买、合作或并购等方式，获取有价值的创意和吸收互补性的知识，以优化自身的知识基础，从而提升创新能力，实现更高效的创新产出（Kirschbaum，2005；Lichtenthaler，Ernst，2008）。另一方面，企业内部的部分知识和技术与主打产品和服务存在一定的不匹配，被不同程度地闲置，耗费大量的成本，需要开拓新的外部市场，与（潜在）客户和中介紧密交流，通过授权和转让等方式输出这些闲置的知识与技术，以实现闲置知识技术的商业价值（Lichtenthaler，2015；Hu，McNamara，McLoughlin，2015；Kutvonen，2011）。在企业间频繁的互动交流过程中，覆盖这些个体和个体间关系的创新网络逐渐形成并持续涌现。

其次，创新网络又反过来促进企业开放式创新实施和普及。这主要体现在三方面。第一，创新网络中游离着丰富的创意、知识与技术等创新资源，能够为企业开放式创新实践提供极大的便利（Perkmann，Walsh，2007；Lee et al，2010）。企业可以根据创新网络整体的结构特征，以及自身网络位置情况，在网络中开展目标明确的搜索活动，从而实现高效率的外部知识获取和内部知识输出（Mina，Bascavusoglu-Moreau，Hughes，2014；Dittrich，Duysters，2007；Huggins，2010）。第二，创新网络在一定程度上对企业开放式创新实践提供了一定的基础设施支持（Cohen，Almirall，Chesbrough，2016；Romano，Passiante，Del Vecchio et al，2014）。企业可以利用创新网络所提供的基础设施和各项服务，降低开放式创新成本，并同时提升开放式创新效率（Minshall T et al，2014；Jarrett，Blake，2015）。第三，创新网络能够为企业开放式创新实践营造良好的创新氛围与制度环境（Peyrache-Gadeau，2007；Garcia，Rodriguez，2014）。网络成员间共享的创新文化、信任机制、控制机制、声誉机制等在一定程度上规范了企业行为，客观上维护了开放式创新实施的市场秩序（吴绍波，顾新，2014；Hasche，Linton，Öberg，2017）。

1.1.3 技术创新实践现状与存在的问题

在开放式创新时代，技术创新的成功不仅仅在于创新企业自身拥有的知识存量和研发能力，更取决于其赖以生存的创新网络的健康状态。基于此，围绕开放式创新和创新网络的相关话题受到众多企业、政府和相关研究机构的高度重视和广泛讨论，并成为企业技术创新战略和政府创新政策制定的重要组成部分和关键出发点（Appleyard，Chesbrough，2017；Herstad，Bloch，2010；李万等，2014；曾国屏，苟尤钊，刘磊，2013）。

企业创新战略方面，企业不再仅关注自身的技术创新能力和研发投入，还关注其所处的创新网络的发展情况，以确保自身能够与外部创新的利益相关者（如供应商、客户、大学、科研机构、政府、中介机构和金融机构等）的良性互动交流和共生互惠（Chesbrough，2006；West，Bogers，2014）。一方面，处在行业领先地位的后发企业模仿国际巨头，尝试打造以自我为中心的创新网络系统（West，Wood，2008；Rohrbeck，Hölzle，Gemünden，2009）。如继苹果 iOS 创新平台、谷歌开发者社区和宝洁全球创新网络等获得巨大成功之后，华为、360 和海尔等新兴优势公司也紧跟步伐提出了建设"以我为主、各级用户和供应商深度参与"的创新网络发展战略。另一方面，对位于行业中游和边缘的大量中小企业而言，"如何选择合适的创新网络？""如何从创新网络中获取知识或输出创新产出？"等问题则是其开放式创新战略内容的中心和重心（Adner，2006；Lee，Olson，Trimi，2012；Brunswicker，Vanhaverbeke，2015）。

政府创新政策方面，发达国家和部分新兴发展中国家政府纷纷围绕"开放式创新"和以创新网络为内核的"创新生态系统"两大主题，制定和颁布新一代创新政策（李万等，2014）。2004 年，美国总统科技顾问委员会（PCAST）发布了两份关于创新生态系统重要战略意义和建设方案的政策报告——《维护国家的创新生态体系、信息技术制造和竞争力》（Sustaining the Nation's Innovation Ecosystem，Information Technology Manufacturing and Competitiveness）和《维护国家的创新生态系统：保持美国科学和工程能力之实力》（Sustaining the Nation's Innovation Ecosystem：Maintaining the Strength of Our Science & Engineering Capabilities）；2011 年，日本部署了技术创新生态系统发展的改良版"科技政策学"（SciREX）项目；2013 年，欧盟发布了以开放式创新 2.0 为核心的新一代创新政策"都柏林宣言"〔Open Innovation 2.0（OI2）—Sustainable Economy & Society—Stability〕；2014 年底，我国科技部主持召开全国科技工作会议，就"完善政策环境，创新生态系统进一步优化"这一主题进行了全面深入的讨论，制定和颁布了一系列法规办法，在新一代创新政策探索方面迈出了关键一步。

现阶段，鉴于创新网络在开放式技术创新过程中所扮演的重要角色，以及部分成功企业和成功地区高科技产业的示范效应，不同类型、不同层次的创新网络遍及全球。然而，健康发展的创新网络只占很小一部分比例，大部分企业、产业和区域从创新网络中获得的收益还远未达到预期（Oh et al, 2016；Boschma, Fornahl, 2011）。创新网络如何保持持续而稳定的发展态势？嵌入在创新网络中的企业如何实现成功的开放式成长？政府应如何管理和维护创新网络以确保产业和区域竞争优势的提升？这一系列现实问题接踵而至。对这些问题的回答不仅影响着企业成长、产业升级和区域经济发展，也对学术界提出了严峻的挑战，而解决这些问题归根结底在于对开放式创新时代背景下创新网络演化规律的把握。

1.2　研究现状

学者们对创新网络演化相关问题展开了大量的研究，并获得了丰富的研究成果，但由于在研究对象层次、理论基础和研究方法等方面存在较大差异，相关研究结论较为分散，彼此间共通性较弱，难以被整合或归纳为统一的理论脉络。

1.2.1　研究层次

创新网络研究聚焦群体创新相关问题，涉及"整体网"（whole/full/entire network）和中微观"子网"（sub network）两个研究层次（Provan,

Fish，Sydow，2007；Kilduff，Tsai，2003）。其中，"整体网"研究主要关注产业或区域层面的全局创新网络，如产业集群网络、区域创新网络和产业创新系统等（Browning，Beyer，Shetler，1995；Powell et al，2005）；而"子网"研究则偏重对网络局部范围内的企业间合作互动与合作产出等现象的分析与讨论（Carnovale，Yeniyurt，2015；Fang et al，2016）。

现阶段，创新网络演化相关文献围绕创新网络的形成、运行、演化以及内嵌在创新网络中的企业成长等主题，形成涵盖"整体网"与"子网"两大研究层次（Buchmann et al.，2017；刘锦英，2014；郑胜华，池仁勇，2018），以及纵横交错、结构庞杂松散的研究结构脉络。而造成这种局面的根本原因在于，现实中的创新网络具有典型组织结构类型的多态化和重叠性，如图 1.4 所示。

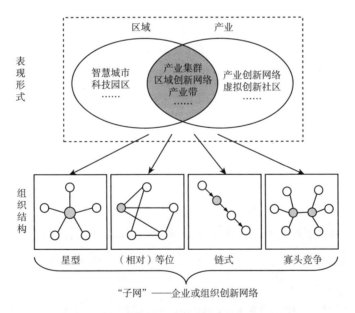

图 1.4 创新网络外部表现形式与内部组织结构

从中宏观表现形式来看，"区域"和"产业"高度交叠。现实经济发展中普遍存在的产业集群、区域创新网络、工业带和产业带等就是区域和产业创新网络重叠结果的典型表现形式。而信息和互联网技术的迅猛发展，使区域和产业创新网络互相渗透，实现更大地域空间范围和跨行业的融合。

从中微观组织结构来看，存在多种典型结构的"子网"，如单核心企业高度掌控的星形结构网络、多个核心企业共同掌控的寡头竞争结构网络、核心企业主导力度相对较弱的等位结构网络和以核心企业为中心的上下游链式网络等。

因此，鉴于在现实经济运行中创新网络的多态性，对创新网络演化机制相关问题的探索，应提前明确网络所属的层次范围和组织结构类型。

1.2.2 理论基础

在开放式创新时代，创新网络研究涉及创新网络理论与开放式创新理论两大重要理论基础。然而，当前的创新网络研究和开放式创新研究却是在各自领域内独自发展，彼此间关联性较弱，呈相互割裂状态（Wang，Vanhaverbeke，Roijakkers，2012；Jeon，Kim，Koh，2015）。

1.2.2.1 创新网络理论

创新网络理论研究涉及"整体网"和"子网"两个研究层次，主要关注群体创新问题或企业间双边/多边合作创新问题，相关文献及文献内容极为丰富和繁杂。从研究发展脉络来看，现阶段的创新网络研究主要沿着"网络功能""网络结构""网络绩效"三条线索展开探索（van der Valk，Chappin，Gijsbers，2011）。

以"网络功能"为主线的创新网络研究致力于回答"创新网络对企业技术创新和区域经济发展有哪些（积极）影响"和"处在不同网络位置的企业在网络知识创造、知识扩散和知识应用等方面起到哪些作用"两大核心问题（Oh DS，2016）。此部分的研究起步较早，发展较为成熟，相关文献的观点和结论也趋向一致。

以"网络结构"为主线的创新网络研究从网络结构出发，关注网络关键节点（成员）角色、成员间联系和网络局部与整体结构特征，以及它们对网络功能和网络绩效的影响（Wang, Vanhaverbeke, Roijakkers, 2012；Oh et al, 2016）。现阶段，创新网络领域中大部分研究都属于此类，即从网络视角展开对群体创新相关问题的探索，包括对网络成员角色和网络结构特征的研究（Sammarra, Biggiero, 2008；Fujiwara, Aoyama, 2010；Giuliani, 2011；Mitchell et al, 2014）。

以"网络绩效"为主线的创新网络研究主要关注网络创新绩效或创新能力的评价和量化问题（Provan, Fish, Sydow, 2007）。此类研究尚处于起步阶段，相关文献的理论出发点和研究结论较为分散，缺乏彼此间的理论互通（van der Valk, Chappin, Gijsbers, 2011；Koendjbiharie, 2014）。

1.2.2.2 开放式创新理论

开放式创新主题研究主要集中在个体企业层面。尽管开放式创新理论研究普遍认可创新网络在企业实施开放式创新战略过程中扮演了不可或缺的重要角色，但相关文献较少考量创新网络对企业开放式创新实践效果的具体影响（West, Salter, 2014；Porto Gómez, Otegi Olaso, Zabala-Iturriagagoitia, 2016）；或者直接将创新网络与开放式创新战略画等号，如英国学者凯德·劳尔森和阿蒙·萨尔特（Laursen, Salter, 2006）用企业个体自我中心网络的规模（即企业拥有的外部联系数目）和强度（即企业拥有的强联系数目）来衡量其外部知识搜索战略的开放宽度与开放深度。此外，现有开放式创新相关研究，大多从战略角度出发，关注企业开放式创新战略实施过程中的单一环节，较少覆盖开放式创新行为全过程（Purcell, Mcgrath, 2013；Alexy, George, Salter, 2013；吴航，陈劲，2015）。

学者们围绕"开放式创新有哪些优势"和"企业如何开展开放式创新活动"等现实问题，对"开放式创新如何影响企业创新产出（How）"，以及"企业开放式创新实践受哪些因素的制约，这些因素如何影响开放式创新的作用效果（What/How）"等理论问题进行了大量的探索，为后续研究奠定了丰富的理论基础。

在开放式创新作用机制/效果研究方面。一部分学者以大型跨国公司为案例研究对象，通过对比企业实施开放式创新战略/行为前后，或对比不同企业开放式创新模式，分析企业（间）内部研发模式、商业模式、网络关系和市场交易等方面的变化情况，以及这些变化对创新产出的影响，进而归纳和总结开放式创新的作用机制。另一部分学者则采用实证统计方法，研究开放度对创新绩效、创新效率或创新能力等的作用影响。由于在开放度构念和量化方面的差异，以及内外部诸多"调节"因素的影响，相关文献关于开放度的作用效果的结论分歧较大（Dahlander，Gann，2010；Lichtenthaler，2011）。

在开放式创新作用机制/效果影响因素研究方面。一部分学者关注企业自身的属性和特征，特别是企业资源和企业吸收能力对其开放式创新战略实践活动的影响，如哈基库尔·拉赫曼和伊莎贝尔拉·拉莫斯（Rahman，Ramos，2010）、海伦娜·加利亚等（Garriga et al，2013）、洛伦佐·阿托德和安东尼奥·彼得鲁泽利（Ardito，Petruzzelli，2017）的研究。另一部分学者提出开放式创新实践的"环境/情境依赖"观点，分析外部环境要素对开放式创新作用效果的影响，如谢国男与乔·泰德（Hsieh，Tidd，2012）、西丽·泰杰森和潘卡·帕特尔（Terjesen，Patel，2017）、塞加拉·西普雷斯和布雷·柳萨尔（Segarra-Ciprés，Bou-Llusar，2018）的研究。与内部因素研究相比，由于开放式创新研究与创新网络研究的长期割裂状态，目前对开放式创新作用机制/效果关键外部影响因素的探索尚处于起步阶段，相关研究还远未达到完善水平。

1.2.3 研究方法

现阶段，对创新网络演化问题的探索主要存在三种研究方法，包括：案例研究；基于统计或问卷数据分析的实证研究；以及从复杂适应系统

（CAS）理论视角出发的主体建模仿真研究。其中前两种方法是目前的主流方法，最后一种主体建模仿真方法是近年来的新兴方法。三种方法各有所长，互为补充。

1.2.3.1 案例研究

案例研究有利于实现理论建构的"从无到有"和对细分问题的深入挖掘，如：詹姆斯·摩尔（Moore, 1996）通过 IBM – 惠普、苹果和 AT&T 三个核心企业主导的创新网络的多案例对比，首次阐述了"商业生态系统"概念内涵，并分析了企业商业生态系统的生命周期发展过程及不同发展阶段的特征表现。雷内·罗尔贝克等（Rohrbeck, Hölzle, Gemünden, 2009）、李沿儒（Li, 2009）从企业如何在创新网络中实现成长这一现实问题出发，分别以德国电讯公司创新网络和思科开放式创新平台网络为案例研究对象，剖析了企业创新网络的运行机制及其对核心企业成长的影响。吕一博等（2015）关注创新生态系统的开放式发展现象，通过对移动通信产业 iOS、Android 和 Symbian 三大智能终端操作系统创新网络生态圈的多案例对比分析，解密在不同创新阶段影响开放式创新生态系统成功的关键驱动因素。

案例研究在摆脱定式思维和过去经验束缚方面具有较大优势，但由于不同研究对象自身的特殊性，以及不同调研者在关注点、着眼点和理解方面的差异，案例研究所形成的结论在一般性和通用性方面相对薄弱。

1.2.3.2 实证研究

基于截面统计/问卷数据的实证研究主要应用于识别和判定"关键影响因素及其影响力"，包括影响个体企业成长和影响系统整体发展的两大类关键因素。相关文献极为丰富，广泛分布在产业集群、区域创新网络、企业网络和开放式创新等分支领域，例如，凯德·劳尔森和阿蒙·萨特（Laursen, Salter, 2006）通过对 2707 家英国制造业企业面板数据的分析，发现企业创新开放度与其创新绩效呈倒 U 型关系。钱锡红等（2010）基于面板数据对深圳 IC 产业创新网络进行实证分析，发现占据网络中心和富含结构洞的网络位置有利于企业创新绩效的提升。安东尼奥·劳和威廉·卢（Lau, Lo, 2015）通过对中国香港企业的问卷调查和数据采集分析，发现区域创新网络能够为企业提供丰富的知识中介服务，营造良好的学习氛围，有利于企业提升知识吸收能力，进而提升创新绩效。

基于截面统计/问卷数据的实证研究具有较强的规范性和结构性，在判定和量化指定因素（自变量和调节变量）对作用对象（因变量）的影响属性和影响力度方面有较大优势。但受制于大样本长时段的数据获取难度较大，现阶段该方法主要应用在不考虑时间作用的静态研究中，较少出现在以创新网络演化过程为研究对象的动态研究中。

1.2.3.3　主体建模仿真研究（agent-based modeling and simulation, ABMS）

近年来，随着 CAS 理论和工具方法的迅猛发展和其在社会学研究领域中的成功应用，加深了学术界对创新网络运行及演化机制的理解：创新网络演化是成员企业开放式创新行为，即企业间、企业与网络环境间的知识信息和其他创新资源交互，所推动的"自下而上"的过程和结果。

一些学者开始尝试从 CAS 理论视角来理解创新网络内涵和网络演化机制，并应用多主体建模仿真方法来研究创新网络演化规律，如：托德·奇利斯等（Chiles, Meyer, Hench, 2004），构建了"震荡—正反馈—稳定—重构"的自组织耗散结构模型，还原了密苏里音乐剧院集群的形成和发展过程。沿着奇利斯团队的研究思路，谭劲松和何铮（2005）通过对东莞 PC 产业集群的研究，发现群内主体间的相互作用、共同演进是集群形成和发展的主要动因。田刚（2009）应用多主体建模仿真方法对集群创新网络的形成和演化机制进行了深入研究。乔尔·鲍姆等（Baum, Cowan, Jonard, 2010）基于"知识互补"原则的企业间合作行为，模拟了区域创新网络的形成和演化过程。随后，在此基础上，乔尔·鲍姆等（Baum, Cowan, Jonard, 2014）进一步引入"双赢"原则，模拟了区域创新网络的运行过程，分析了对仿真过程所生成的企业网络位置、即时绩效和长期绩效等数据。值得注意的是，此研究中，乔尔·鲍姆明确指出，仿真实验所生成的关于网络结构和网络绩效的相关数据，在一定程度上可以代替截面数据来进行回归分析；主体建模仿真方法对实证研究有一定的补充和部分替代作用。

与案例方法和基于统计/问卷截面数据的实证方法相比，主体建模方法在研究创新网络演化问题上具有显著的优越性，具有较为广泛的应用前景。一方面，研究者可以通过修改模型而模拟还原不同类型创新网络的结构特征、演化环境和演化条件，弥补了案例研究一般性和普适性薄弱的短板；另一方面，研究者可以通过调整模型参数，复次模拟不同条件下的创新网络演化过程，进而得到大量的动态数据，以供数理统计分析，克服了数据获取困难。但是，主体建模仿真方法在创新网络领域中的应用才刚起步，在以下几个方面还存在较大进步空间：

第一，仿真模型中的个体行为无法与企业现实的开放式创新行为较好地对接，计算机语言所描述的个体行为过于简单和抽象，而企业现实的开放式创新行为则较为复杂和具体。这使得通过仿真实验所得出的相关结论难以令人理解和信服。因此，在未来的创新网络演化仿真研究中，应着重对企业开放式创新行为全过程进行剖析。

第二，研究结构条理性有所欠缺。仿真模型涉及多个可变的参数和多项输出结果，而且这些可变参数不全是具体研究问题所关注的构念。这与实证研究中的"自变量""调节变量""控制变量"变量区分结构相比，条理不够清晰。此外，在具体参数的设置上，主观性和随意性较强，缺乏足够的实证支撑和验证，在一定程度上降低了仿真结论的可信度。因此，未来的创新网络演化仿真研究中，可借鉴实证研究的变量区分结构，将模型中的输入参数按照"自变量""调节变量""控制变量"（或"常系数"）归类，将仿真实验输出结果依照"因变量"和"非考察结果"归类。

根据上述对研究方法现状的分析，对创新网络演化相关问题的研究可以考虑引入 CAS 理论，应用多主体建模仿真方法。但需要在这些方面做出调整和改进：一是对开放式创新行为全过程展开探索式案例研究，以合理化模型构建。二是借鉴实证研究的变量区分结构，将模型参数依照"因变量""调节变量""控制变量"区分；此外，在模型参数的设置上，应尽可能结合当前相关实证研究的相关数据结论。

1.2.4　研究现状评述

学术界对创新网络演化机制的探索尚未充分，相关研究仍有较大进步空间。尽管前期学者们对此开展了大量的研究，并获得了丰富的研究成果，但由于在研究对象层次、理论基础和研究方法等方面存在较大差异，相关研究结论较为分散，彼此间共通性较弱，难以被整合或归纳为统一的理论脉络。需要强调的是，这些前期成果为本书研究开放式创新行为驱动的创新网络演化规律提供了重要的启示。

首先，创新网络涉及"整体网"与"子网"两个层次，涵盖地区和产业等多个边界，而每个边界范围内的创新网络"整体网"内部又存在多种典型组织结构的"子网"。因此，开展创新网络演化规律研究应提前确定所研究对象网络的层次范围，确定对象网络的典型组织形式。

其次，创新网络研究涉及开放式创新和创新网络两大理论基础，但二者当前在各自领域内独自发展，彼此间关联性较弱，呈相互割裂状态。因此，将两大理论充分结合起来，是对创新网络演化规律进行深入研究的前提。

最后，基于 CAS 理论来研究创新网络演化相关问题，是该研究主题近年来的发展趋势。在 CAS 视角下，创新网络演化是由成员企业开放式创新行为推动的"自下而上"的过程和结果。而主体建模仿真方法（ABMS）是实现基于 CAS 理论的创新网络演化研究的重要手段和方法。但现阶段，应用该方法的创新网络演化研究主要存在两大问题：一是仿真模型中的个体行为无法与企业现实的开放式创新行为较好地对接；二是研究结构条理性有所欠缺。对第一个局限性，可以考虑引入案例研究方法来对企业开放式创新行为全过程的特征表现进行深入研究，为仿真模型中的个体行为提供更合理的理论描述与数学抽象。对第二个局限性，可以借鉴实证研究的变量区分结构，即：将模型中的输入参数按照"自变量""调节变量""控制变量"（或"常系数"）归类，将仿真实验输出结果依照"因变量"和"非考察结果"归类。

1.3 研究问题与术语辨析

作为孕育技术创新的摇篮，创新网络不仅决定着企业生存，还关系到企业成长、产业技术进步和区域经济发展，是国家创新能力和竞争优势的集中体现。然而，在当前的经济实践过程中，成功的创新网络只是少数，大多数创新网络存在发育不足、成长畸形，甚至出现倒退和衰落现象。在这种现实背景下，开展对创新网络演化规律的探索，对回答"创新网络如何保持长期健康的发展趋势？网络中的成员企业如何实现优良的开放式创新绩效？政府应如何管理和维护创新网络以确保产业和区域竞争优势的提升？"等一系列亟待解决的现实问题意义重大，而这也是本书问题关注所在。

1.3.1 研究问题

具体地，结合创新网络研究现状，本书首先将"创新网络"限定为在特定区域空间，由来自同一产业或相关行业、地位相对平等的彼此间相互影响和相互依赖的高科技中小企业所组成的"区域单产业集群创新网络"，网络演化主要体现在网络结构和网络绩效的动态变化上。随后，从 CAS 理论视角出发，本书认为创新网络是一个具有复杂适应性系统特征的网络组织，其演化发展是由成员企业开放式创新行为，即：企业间的合作互动，包括合作研发、专利授权和技术转让等，推动的"自下而上"的过程和结果，并受到网络所嵌入产业的技术创新环境的影响。最后，本书以主体建模仿真方法为主体方法，辅之以探索式案例研究，并同时借鉴实证研究的研究结构，还原由企业开放式创新行为驱动的创新网络演化过程，并在此基础上分析系统中创新网络结构和绩效的动态特征。本书致力于回答以下问题：

研究问题一：企业开放式创新行为的全过程有何种特征？各行为环节的关键影响因素有哪些？它们是如何作用的？

企业开放式创新行为是创新网络形成和演化的核心驱动力，是基于 CAS 观点构建创新网络演化模型的关键基础。了解和掌握企业开放式创新行为过程及各环节的关键影响因素，有利于更好地抽象化仿真模型中的行为变量，进而提升模型整体的可解释性，以及增加仿真实验结果的可信度。当前，关于开放式创新的研究大多偏重战略层面，缺乏对行为全过程特征和表现形式的分析，且少数部分的开放式创新行为研究绝大多数关注企业开放式创新行为过程中的单一环节，缺乏对各个环节的集成整合。因此，有必要对企业开放式创新行为的过程表现进行探索式案例研究，进而形成覆盖行为全过程的开放式创新行为表现架构，识别各行为环节的关键影响因素，为后续的创新网络演化规律仿真研究奠定坚实基础。

研究问题二：群体开放式创新行为驱动的创新网络"整体网"演化表现出何种特征？可以从哪些方面考量？

创新网络"整体网"演化，表现为"整体网"结构的变化和"整体网"创新绩效的波动。为了让仿真研究条理更清晰，研究问题二包含三个子问题：（1）在不同创新环境条件下，企业群体开放式创新行为驱动的"整体网"演化表现出何种结构特征，以及如何评价？（2）在不同创新环境条件下，企业群体开放式创新行为驱动的"整体网"演化表现出何种绩效特征，以及如何评价？（3）产业技术创新环境对"群体开放式创新行为——'整体网'"关系有何种调节作用？

对第一个子问题，一些学者已经基于 CAS 理论，应用主体仿真方法，模拟不同环境下的网络演化过程，并从网络的凝聚性、聚集性、可达性和权力分布等方面考察了网络结构的动态特征，为本书的研究提供了非常有价值的参考。对第二个子问题，当前研究还稍显滞后，主要原因在于网络绩效评价体系和测度计算方法的缺失。而对前两个子问题的研究则关系到对第三个子问题的解答。

此外，在对研究问题二的探索中，本书借鉴实证研究范式，将群体开放式创新行为的开放度特征视为"自变量"，将影响开放式创新行为的其他关键因素视为"控制变量"或"常系数"，将创新网络的创新破坏度环境特征视为"调节变量"，将"整体网"网络结构和网络创新绩效视为"因变量"。

研究问题三：个体开放式创新行为驱动的创新网络"个体网"演化表现出何种特征？可以从哪些方面考量？

创新网络演化从局部来看，表现为系统中企业个体自我中心网络结构变化，和"个体网"绩效波动。研究问题三也包含三个子问题：（1）在不同创新环境条件下，企业个体开放式创新行为驱动的"个体网"演化表现出何种结构特征，以及如何评价？（2）在不同创新环境条件下，企业个体开放式创新行为驱动的"个体网"演化表现出何种绩效特征，以及如何评价？（3）网络创新环境对"个体开放式创新行为——'个体网'"关系有何种调节作用？

对前两个子问题，当前开放式创新、企业网络、产业集群和区域创新系统等领域的实证研究，在企业静态网络结构和静态绩效特征方面取得了丰富的成果。但由于大样本长时段的数据获取难度较大，这部分研究缺乏对不同产业技术发展阶段的"个体网"结构特征和绩效特征的对比分析，在一定程度上降低了相关研究结论的实践指导价值。值得注意的是，乔尔·鲍姆等（2014）的研究表明，主体建模仿真方法所生成的网络结构和企业网络绩效相关数据在一定程度上可以代替通过调查得出的截面数据，可以补充和部分替代实证研究。这对本书的研究的重要启示是：可以通过仿真方法模拟实证研究情境并生成截面数据，开展对不同产业技术发展阶段的"个体网"结构和绩效特征的对比分析。

在前两个子问题研究的基础上，可以回答第三个子问题。本书利用主体仿真方法模拟实证情境和生成实证截面数据，在此基础上分析"个体网"演化的结构和绩效特征，以及环境要素对个体开放式创新行为驱动的"个体网"演化影响。

此外，在对研究问题三的探索中，本书借鉴实证研究范式，将个体开放式创新行为的开放度特征视为"自变量"，将影响开放式创新行为的其他关键因素视为"控制变量"或"常系数"，将创新网络的创新破坏度特征视为"调节变量"，将"个体网"网络结构和网络创新绩效视为"因变量"。

1.3.2　术语辨析

在开展创新网络演化规律的深化研究之前，为了避免不必要的学术分歧，本书首先对以下概念术语进行辨析。

1.3.2.1　"合作创新"与"开放式创新"

"合作创新"强调企业在技术创新过程中，打开自身边界，与外部合作伙伴进行知识交流与合作研发。而"开放式创新"是对"合作创新"概念的进一步升级。范·德·弗兰德等（Van de Vrande, Vanhaverbeke, Gassmann, 2010）指出，开放式创新概念将企业外部的知识与创意上升到与企业内部创新资源和创新能力同等重要的地位。与"开放式创新"概念相比，"合作创新"更多强调的是企业打开自身边界的现象。在封闭式创新时代，企业也会根据自身情况开展合作创新战略，但依然以内部创新资源和能力为主导，外部知识创意和外部研发资源只作为辅助部分，且主要分散在企业的非核心技术模块上。

在本书后续的研究中，所提及的"合作创新""合作研发""交流互动"等名词均是在"开放式创新"语境前提下的。

1.3.2.2 "整体网""子网""个体网"

"整体网"是指包含全部网络节点和网络联系的网络拓扑结构，如图1.5（a）所示。"子网"是"整体网"的局部片段，其范围存在较大的弹性，可以是由两个网络节点形成的一条网络联系，也可以是从"整体网"某几个节点分割的部分，如图1.5（b）所示。"个体自我中心网"（以下简称"个体网"）是一种形式的"子网"，特指以某个节点为中心所表现出的星形网络，"非核心点"之间的联系不在考察范围之内，如图1.5（c）所示。

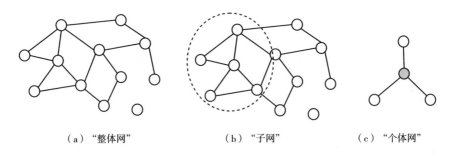

（a）"整体网"　　　　　　　（b）"子网"　　　　　　　（c）"个体网"

图1.5　"整体网""子网""个体网"示意

创新网络演化研究涉及"整体网"与"子网"两个层次。但"子网"存在较大的弹性范围，不利于"子网"演化规律的探索。为了克服这一问题，本书将"子网"限定为"个体网"，聚焦企业个体开放式创新行为如何影响其自身的"个体网"演化。

1.4　研究目的和意义

1.4.1　研究目的

本书在创新网络和开放式创新相关研究的基础上，引入 CAS 理论观点，以主体建模仿真方法为主要研究方法，并辅之以文献研究法、案例研究法和实证研究变量区分结构，自下而上层层分解，探索开放式创新行为驱动的创新网络演化规律，旨在为创新网络的升级转型和企业开放式创新实践提供有价值的理论指导。

本书所要达到的研究目标主要体现在以下几个方面：

（1）为开放式创新行为研究提供有价值的参考。本书整合现有针对单一行为环节的开放式创新研究成果，并拓展来自社会网络、复杂网络等研究领域的关于合作伙伴选择偏好的相关结论，进而提出覆盖行为全过程的开放式创新行为表现架构，对各行为环节中的关键影响因素及影响作用进行识别和分析，为开放式创新行为研究提供新的思路和视角。

（2）丰富和完善创新网络评价体系。创新网络评价涵盖"整体网"与"个体网"两个评价层次，涉及网络结构与网络创新绩效两个评价维度。现阶段，对"整体网"和"个体网"结构特征的分析评价相对成熟，而对网络创新绩效定义、测度和计算方式等方面的研究还刚起步，相关研究仍有较大进步空间。针对此现状，本书探究网络创新绩效计算方法，将其与网络结构分析指标相整合，以丰富和完善创新网络评价体系。

（3）建立创新网络"整体网"演化的主体仿真模型，发展和丰富主体仿真方法在此类研究问题中的应用，并丰富和完善"整体网"演化评价体系。本书从 CAS 理论视角出发，结合区域单产业集群创新网络发展的现实情况，建立可解释此类区域创新网络一般演化规律的主体仿真模型，尽可能克服目前仿真研究中广泛存在的随意性、与现实情况衔接不当等问题，丰富和发展主体仿真方法在此类"整体网"演化研究中的应用。

（4）建立创新网络"个体网"演化的主体仿真模型，发展和丰富多主体仿真方法替代基于面板数据统计分析方法的应用，并丰富和完善"个体网"演化评价体系。本书参考借鉴乔尔·鲍姆等（2014）的设计思路，尝试采用主体仿真方法模拟实证研究情境，生成跨时段的类截面数据，为

"个体网"演化过程中网络结构和绩效数值波动特征的统计分析提供素材，发展和丰富了多主体仿真方法在此类研究问题中的应用。

1.4.2　研究意义

本书聚焦特定类型的创新网络——在特定区域空间范围内，由来自同一产业或相关行业、地位相对平等的高科技中小企业组成的创新网络系统，从 CAS 理论视角出发，研究开放式创新行为驱动的创新网络演化规律，包括群体开放式创新行为驱动的"整体网"演化规律和企业个体开放式创新行为驱动的"个体网"演化规律，旨在为政府创新政策和企业创新战略的制定提供理论指导。本书研究意义如下：

1.4.2.1　理论意义

首先，本书丰富了创新网络演化研究。本书运用"适应性造就复杂性"的 CAS 理论观点，分析多个企业参与构成的创新网络涌现的复杂现象，形成了以开放式创新行为为核心的创新网络演化研究框架。本书克服了传统经济学在描述创新网络复杂动态特征方面的缺陷，为准确刻画创新网络演化的内在机制和相关效应提供便利，进而促进研究思路和方法层面的突破。

其次，本书提出了覆盖行为全过程的开放式创新行为表现分析架构，丰富了开放式创新和组织行为学理论研究。本书整合开放式创新行为现有研究成果，并结合社会网络与复杂网络合作伙伴选择偏好等相关研究结论，构建覆盖行为全过程的企业开放式创新行为表现架构，为创新网络演化仿真研究提供了建模基础。

最后，本书完善了创新网络评价体系。本书在现有研究基础上，提出了网络创新绩效的测度评价指标体系，并整合网络结构的分析评价指标，形成了涵盖"整体网"和"个体网"两大层次的网络分析评价体系，为后续创新网络演化仿真实验结果分析提供了分析依据。

1.4.2.2 实践意义

在开放式创新时代，技术创新的成功依赖其所在的创新网络的健康状况。创新网络不仅关系到个体企业的生存，还影响着国家和地区的经济发展。因此，本书研究的创新网络演化规律，对企业开放式创新实践和政府创新政策制定有重要的参考价值。

本书加深了对特定类型创新网络——在特定区域空间内，由来自同一产业或相关产业的高科技中小企业合作互动组成的复杂网络系统，演化规律的理解。本书从"整体网"和"个体网"两个层次探究网络演化的动力机制，加深了对现实中此类创新网络演化的一般性规律的认识和理解，从而帮助企业和政府把握创新管理中的关键环节。

1.5 研究思路、内容和方法

1.5.1 研究思路和内容

沿着"提出问题—分析问题—解决问题"的脉络，本书在现有相关研究成果的基础上，从 CAS 理论视角出发，围绕创新网络演化规律研究主题，对企业开放式创新行为特征、群体开放式创新行为驱动的"整体网"演化特征、个体开放式创新行为驱动的"个体网"演化特征，三大基本问题进行深入研究。全书共分 6 章，内容安排如下所述。

第 1 章是绪论。首先阐述论文选题研究背景和研究现状；随后提出具体研究问题，指明研究目标和研究意义；在此基础上规划研究技术路线，包括明确章节研究内容和研究方法；最后归纳论文几个主要创新点。

第 2 章是文献综述。对本书研究主题创新网络演化规律所涉及的两大理论基础，即创新网络理论和开放式创新理论相关研究文献进行梳理。

第 3 章从 CAS 理论视角出发，提出创新网络演化规律的研究框架。首先，介绍复杂适应系统的基本属性和特征；随后，分析创新网络的复杂适应系统特征；最后，根据第 2 章对创新网络和开放式创新相关文献梳理的基础上，提出本书研究框架，总领后续章节研究。

第 4 章应用 CAS 理论，剖析开放式创新行为驱动的创新网络演化机制，为第 5 章"整体网"演化和第 6 章"个体网"演化仿真研究提供建模依据。本章涉及两大主要内容，一是对开放式创新行为的探索式案例研究。聚焦特定类型的开放式创新行为——外部创新搜索，提炼覆盖行为全过程的企业外部搜索行为表现架构。二是在明晰开放式创新行为全过程的前提下，从 CAS 理论视角出发，探究开放式创新行为驱动的创新网络演化机制。

第 5 章和第 6 章分别是创新网络"整体网"和"个体网"演化仿真研究。首先，在第 4 章研究基础上，建立网络演化的主体仿真模型；随后，在网络结构评价和网络创新绩效评价相关研究的基础上，形成创新网络演化分析评价的指标体系；并在此基础上，通过变更关键变量参数的数值大小，进行复次仿真实验并分析实验结果。

第 7 章归纳和总结创新网络演化的网络结构和网络绩效动态特征，提炼开放式创新行为驱动的创新网络演化规律。

1.5.2 研究方法

本书以主体建模仿真方法为主要研究方法，并辅之文献分析法和案例研究法。

1.5.2.1 文献分析法

对已有文献进行内容分析是认识科学问题和开展新研究的起点，也是逻辑分析的重要基础。创新网络演化研究涉及创新网络理论和开放式创新理论两大理论基础。本书借鉴当前研究成果，厘清不同研究流派和不同研究观点之间的脉络关系，为创新网络演化研究框架形成、仿真模型建立、仿真实验结果分析评价体系提出，奠定理论基础。

1.5.2.2　主体/个体建模仿真

主体/个体建模仿真是基于 CAS 理论，开展相关问题研究的重要手段，也是本书的核心研究方法。本书聚焦的特定类型创新网络——在特定区域空间范围内，由来自同一产业或相关产业的高科技中小企业在技术创新过程中合作互动所形成的创新网络。本书将创新网络视为一个复杂自适应系统，网络中每一个企业就是一个主体/个体（agent），企业的开放式创新行为影响着"整体网"和"个体网"演化轨迹。依照这个思路，本书建立创新网络演化仿真模型，通过变更可控变量参数数值，进行复次实验。

本书的仿真实验是在内嵌了复杂网络编辑工具包 JUNG 的 Eclipse 平台上运行的。此外，为使仿真研究的结构条理性更好，本书借鉴实证研究中的变量区分结构，将仿真模型中的可变输入参数依照"自变量""调节变量""控制变量"（或"常系数"）归类；将实验输出结果依照"因变量"和"非考察结果"归类。

1.5.2.3　案例研究

为解决主体仿真方法在当前网络演化或类似问题研究中的突出问题——模型中个体行为过于简单抽象，与现实中较为复杂和具体的企业开放式创新行为对接效果较差，本书对企业开放式创新行为进行探索式案例研究，把握主要行为环节，识别各行为环节的关键影响因素及作用效果，进而形成覆盖行为全过程的开放式创新行为表现架构，为探索开放式创新行为驱动的创新网络演化机制奠定基础。

1.5.3 研究技术路线

结合本书的研究思路、研究内容和研究方法，形成如图 1.6 所示的研究技术路线。

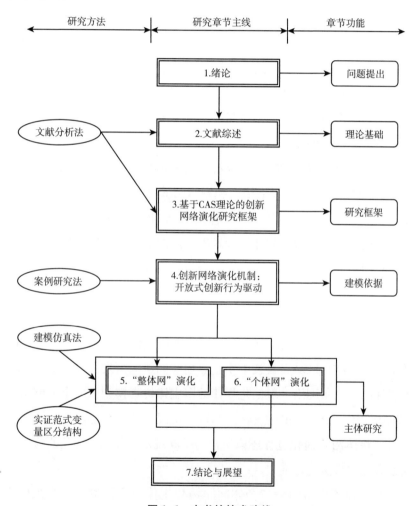

图 1.6 本书的技术路线

1.6 本书创新点

本书创新之处主要表现在以下几个方面：

（1）提出了覆盖行为全过程的开放式创新行为表现架构。本书整合当前聚焦单一行为环节的开放式创新研究成果，拓展来自社会网络、复杂网络等研究领域关于合作伙伴选择偏好的相关结论，形成覆盖行为全过程的企业开放式创新行为表现分析架构，识别各行为环节中的关键影响因素，并分析它们的作用机制，为创新网络演化主体仿真模型提供建模依据以及合理性与可解释性保障。

（2）完善了创新网络评价体系。创新网络评价涉及"整体网"和"个体网"两个层次，而网络结构和网络绩效则是最主要的评价维度。现阶段，学术界对"整体网"和"个体网"结构特征的分析评价相对成熟；但对网络绩效定义、测度和计算方式等方面的研究还有较大进步空间。本书在现有相关文献基础上，提出网络创新绩效的测度方式，并整合网络结构的分析评价指标，形成完整的网络产出评价体系，为创新网络系统演化分析提供分析依据。

（3）构建了创新网络"整体网"演化主体仿真模型。本书从 CAS 理论视角出发，结合区域高科技中小企业集群创新网络发展的现实情况，建立可解释此类创新网络一般演化规律的多主体仿真模型，力求能够解决目前仿真研究中广泛存在的随意性、与现实情况衔接不当等问题。同时，本书确立"整体网"演化过程还原模拟的基本规范，作为主体仿真方法在这一领域研究的方法论标准。

（4）构建了创新网络"个体网"演化主体仿真模型。本书在相关实证研究的基础上，聚焦创新网络中企业个体创新网络发展的现实情况，借鉴乔尔·鲍姆等（2014）的设计思路，尝试采用主体仿真方法模拟实证研究情境和生成类实证数据，为"个体网"演化过程中动态结构和绩效的统计分析提供素材。同时，本书确立了"个体网"演化过程还原模拟的基本规范，可推广该方法在此类研究问题的应用。

1.7　本章小结

本章为创新网络演化研究呈现了一个全景概况。首先，阐述了创新网络演化问题的研究背景和研究现状，指出本书开展创新网络研究的必要性，和开展研究的前提条件。在此基础上，提出具体研究问题，明确研究目标与研究意义。随后，详细论述了研究思路、研究内容和研究方法，进而形成本书的技术路线图。最后，归纳了本书的创新点。

第2章

文献综述

"创新网络"与"开放式创新"之间存在天然的密切联系（Vanhaver-beke，2006；Gassmann，Enkel，2004）。但目前两大主题的理论研究却是在各自领域内独自发展，彼此间关联性较弱，呈相互割裂状态（Wang，Vanhaverbeke，Roijakkers，2012；Jeon，Kim，Koh，2015）。一方面，创新网络主题研究主要集中在群体创新层面，相关文献对网络演化核心驱动力——企业开放式创新实践的关注相对不足（Oh et al，2016；Ritala，Almpanopoulou，2017）；另一方面，开放式创新主题研究则主要集中在企业个体创新层面，相关文献较少考量企业开放式创新战略活动的实践平台——创新网络，其环境特征对开放式创新的影响（West et al，2014；Porto Gómez，Otegi Olaso，Zabala-Iturriagagoitia，2016）。此外，在开放式创新理论研究中，大多从战略角度出发，即用一个特定的构念来描述和评价开放式创新战略，只关注开放式创新实践过程中的单一行为环节，缺乏对开放式创新行为全过程展开深入分析。

2.1 创新网络理论

创新网络理论研究主要分布在创新（生态）系统、创新网络、产业集

群、企业网络和等主题的研究之中，相关文献及文献内容极为丰富和繁杂
（Oh et al，2016；Klein，Sauer，2016；de Vasconcelos Gomes et al，2018）。
现阶段，创新网络相关研究主要沿袭"网络功能""网络结构""网络绩
效"三条线索展开探索（Jeon，Kim，Koh，2015）。

此外，近年来，随着复杂适应系统和复杂网络理论体系和方法工具的
迅猛发展，创新网络的动态性特征和演化机制，开始被越来越多的学者所
重视，且相关研究呈上升趋势（Boschma，Fornahl，2011；Glueckler，Dore-
ian，2016；Kudic，Guenther，2017）。因此，本节按照图 2.1 所示的逻辑结
构回顾和梳理创新网络相关文献。

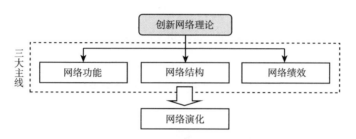

图 2.1　创新网络理论研究结构

2.1.1　创新网络功能

以"网络功能"为主线的创新网络研究致力于回答"创新网络对科
技创新和经济发展有哪些影响"以及"不同类型的企业在系统知识创造、
知识扩散和知识应用等方面起到哪些作用"两大核心问题（Hekkert et al，
2007；Bergek et al，2008）。此部分的研究起步较早，发展较为成熟，相关
文献的观点和结论也趋向一致。

学术界普遍赞同"创新网络对科技创新和经济发展有重要的影响"这
一观点。克里斯托弗·弗里曼（Freeman，1987）在分析美国、日本和欧
盟战后经济与科技发展轨迹时指出，日本经济在 20 世纪 60～80 年代迅速
崛起的根本原因就在于经政府引导所形成的以企业技术创新为核心、组织

创新和制度创新为辅助的具有网络组织形式的国家创新系统；而美国、英国和德国等国的科技创新能力和经济总量长期保持强劲发展势头的重要原因在于国家创新系统的网络结构不断演化和升级。本特·奥克·伦德瓦尔（Lundvall，1995）指出，国家创新系统的核心功能在于生产者和用户之间的相互学习和相互作用，其决定了创新系统对科技创新和经济发展的贡献程度。迈克尔·波特（Porter，1998）聚焦集群创新网络对国家竞争优势的重要意义，他认为，产业集群网络对国家竞争优势的影响主要体现在三个方面，即：提升企业生产制造能力和技术创新能力，加快产业技术发展速度和技术代际更替步伐，以及改变产业内和产业间竞争格局。博·卡尔松等（Carlsson et al.，2002）认为，创新网络主要通过对微观企业的战略选择能力（selective or strategic capability）、协同整合能力（integrative or coordinating ability）、功能能力（functional ability）和学习适应能力（learning or adapting ability）等施加作用，进而影响宏观经济的竞争格局和发展轨迹。

近年来，一些学者将注意力转移到挖掘和识别制约创新网络功能的关键因素上。

（1）弗雷德里克·雷琴和让·贝默·齐默尔曼（Rychen，Zimmermann，2008）、比宾·阿什海姆等（Asheim，Boschma，Cooke，2011）、罗曼·马丁和杰克·穆迪森（Martin，Moodysson，2013）关注地理邻近性对创新网络功能的影响。他们的研究显示，在绝大多数情况下企业间较强的地理邻近性能够促进网络中的知识技术扩散。

（2）约翰娜·豪塔拉（Hautala，2011）、党兴华和弓志刚（2013）、皮埃尔·亚历山大·巴兰德等（Balland，Boschma，Frenken，2015）进一步关注认知和制度等其他类型的邻近性对创新网络功能的影响。他们的研究显示，企业间的认知接近性对某项知识技术在创新网络中的采纳和普及有积极影响。

（3）戴维·奥德雷查等（Audretsch，Bönte，Keilbach，2008）、格洛丽亚·帕拉·雷克纳等（Parra-Requena，Molina-Morales，García-Villaverde，

2010)、玛利亚·何塞·鲁伊斯·奥尔特加等（Ruiz-Ortega, Parra-Requena, García-Villaverde, 2016）关注社会资本对创新网络功能的影响。他们的研究显示，在绝大多数情况下企业丰富的社会资本有利于其在网络系统中获取和转移知识技术。

（4）斯维尔·赫斯塔德和托马斯·布雷克（Herstad, Brekke, 2012）、法比奥·蒙托比奥和瓦来里奥·斯特齐（Montobbio, Sterzi, 2012）、安德烈·莫里森等（Morrison, Rabellotti, Zirulia, 2013）关注产业技术研发国际化程度对创新网络功能的影响。他们的研究显示，产业技术研发国际化程度越高，网络中的技术创新活动，包括新知识技术创造和传播扩散等，越活跃。

2.1.2 创新网络结构

以"网络结构"为主线的创新网络研究从网络结构出发，关注网络关键节点（成员）角色和网络拓扑结构特征，以及它们对网络功能和网络绩效的影响（Oh et al, 2016；Jeon, Kim, Koh, 2015）。现阶段，创新网络领域中的大部分研究都属于此类。

2.1.2.1 网络成员角色/位置

不同类型网络成员在创新网络中所扮演的角色是不同的。目前，学者们研究最多的是科技/知识中介（brokers）、技术守门人（gatekeepers）以及核心企业/组织（core firms）对创新网络功能/绩效的影响。

首先，科技/知识中介机构与知识技术的传播扩散息息相关。莫林·多宾斯等（Dobbins et al, 2009）指出创新网络中的知识中介可以是企业，也可以是个人。他们通过对加拿大国家创新生态系统相关创新数据的分析，发现知识中介能够有效地链接知识生产者和知识用户，使知识要素能够顺畅地在生产者和消费者之间流转。亚斯米娜·贝贝加尔－米拉本特等（Berbegal-Mirabent, Sabaté, Cañabate, 2012）关注科技中介在大学技术创新成果商业化过程中的作用。他们在对西班牙 63 家科技中介机构 2008 年度报表数据分析的基础上，发现在科技中介的帮助下，大学可以迅速定位创新成果的目标市场和接触潜在的商业化合作伙伴和相关渠道，从而大大提升其科技成果转化效率。克里斯蒂娜·博阿利和费德里科·里博尔达奇（Boari，Riboldazzi，2014）指出，不同的科技中介在创新网络中提供的具体功能性服务是不同的。他们对意大利动画数码产业实证研究显示，在过去的 20 年里，一部分科技中介致力于为用户和原创作者提供代码转换服务，而另一部分中介机构则主要致力于为原创作者群体提供沟通交流的平台。李柏洲和孙立梅（2010）指出与欧美发达国家相比，我国科技中介机构在各层次创新生态系统创新过程中所起到的作用还非常有限：一方面我国科技中介机构现阶段未能有效地为其他成员提供技术产品有供给和消费的有效渠道，另一方面相当一部分经理人和政策制定者对科技中介机构的重要性认识相对不足。

其次，技术守门人对技术升级和发展有重要影响。艾丽莎·朱利安尼（Giuliani，2011）、丽贝卡·米切尔拉等（Mitchell et al，2014）分别对智利和澳大利亚葡萄酒产业集群创新情况进行跟踪调查，并得出了相似的结论。他们指出，集群中处于领先地位的大企业扮演着技术守门人角色，它们拥有丰富的结构洞资源，掌控本地集群网络与外部集群网络之间的交流渠道，影响着本地中小企业接触外部知识技术的宽度和深度，决定了本地集群整体的酿酒与储存技术的发展水平。艾菲·凯西杜和克里斯·斯尼德斯（Kesidou，Snijders，2012）对乌拉圭蒙得维亚软件产业集群的实证研究表明，技术守门人是本地创新网络与非本地创新网络之间的“桥梁”。一方面，它们把外部创新网络中的知识技术引入本地化创新网络之中，促进本地企业知识基础的更新与升级，进而提升本地化新知识产生的可能性；另一方面，将本地知识推向外部创新网络之中，促进了本地知识的扩散。

最后，核心企业/组织在创新网络演化过程中扮演了重要角色。阿莱西亚·萨玛拉和卢西奥·比吉罗（Sammarra，Biggiero，2008）对罗马航空产业集群的调查研究表明，集群网络中的知识分布和知识权力分布是不均匀的，处在网络中心位置的少数核心企业拥有较为丰富的知识和创新资源，并且掌握绝大多数非核心节点间的知识流动。罗恩·博世马和科恩·弗伦肯（Boschma，Frenken，2010）在梳理产业集群网络演化相关研究文献的基础上，指出产业集群形成和演化的前提条件主要有两点：一是地理邻近性降低了企业间沟通成本，特别是面对面沟通成本；二是有集群中存在"领头羊"引领产业技术发展方向和技术升级步伐。许强和应翔君（2012）对张江生物制药产业、中关村电子信息产业、柳市低压电器产业和顺德家电产业等四个典型产业集群的案例研究表明，核心企业不同程度地主导着产业集群的技术升级步伐和技术发展轨迹；而核心企业的影响力和控制力则与产业技术特征有关。

2.1.2.2 网络结构特征

网络的结构特征是网络功能的映射。目前学者们主要采用实证方法和仿真方法研究各类网络结构特征对技术创新的影响，以及造成这些网络结构特征差异化的因素识别。

首先，一部分学者的实证研究表明，创新网络具有"小世界"和"无标度"的复杂网络结构特征。沃尔特·鲍威尔等（Powell et al，2005）对美国生物制药产业合作创新相关数据的统计分析，蔡宁等（2006）对温州鞋革业和中关村 IT 产业的实证研究，李守伟和钱省三（2006）对中国半导体产业的实证研究，以及藤原佑士和青山千代子（Fujiwara，Aoyama，2010）对日本产业集群数据的统计分析，均显示创新网络不同程度地表现出大规模复杂网络的小世界和无标度特征。具体地，小世界特征意味着网络成员间互动交流极为便利，即可以通过较少的中转人接触到较为合适的合作伙伴（Watts，Strogatz，1998）。而无标度特征则表明网络中创新资源分布的非均匀属性，以及网络结构的"脆弱－鲁棒"性（Barabási，Albert，Jeong，1999）。一方面少数企业拥有丰富的网络关系，决定网络中知识流动、信息传播和资源交换，这些企业一旦出现重大挫折，会导致创新网络的瘫痪，即网络结构的脆弱性特征；另一方面绝大多数企业的外部连接较为贫乏，它们是网络的"边缘"成员，其生存和死亡对创新网络运行的影响不大，即网络结构的鲁棒性特征。梅丽莎·席林和科里·菲尔普斯（Schilling, Phelps, 2007）在对来自11个产业1106家企业专利数据统计分析的基础上，发现密集的本地化链接和较高的凝聚性有利于集群中知识信息传播；而同时具有较高凝聚性和较高可达性的"小世界"集群网络，其总体创新产出也通常较高。

其次，一部分学者通过仿真方法来估测不同结构特征的网络对系统技术创新的影响。罗宾·科瓦纳和尼古拉斯·乔纳德（Cowan, Jonard, 2004）基于方程建模仿真方法研究了网络结构对知识扩散的影响。他们对比了随机网络（random）、小世界网络（small-world）和完全链接网络（fully connected）中的知识扩散效率，发现知识在同时拥有高凝聚性和高可达性的"小世界"网络中传播效率要明显高于随机网络和完全链接网络。哈兹尔·拉赫曼达德和约翰·斯特尔曼（Rahmandad, Sterman, 2008）基于主体建模仿真方法研究了网络结构对知识扩散的影响。他们对比了完全链接网络（fully connected）、随机网络、小世界网络（small-world）、无标度网络（scale-free）和网格网络（lattice）中的知识扩散效率，发现在不同结构特征网络中知识扩散效率和传播安全性是不同的。汉诺尔·乔亚等（Choi, Kim, Lee, 2010）则不同程度上地借鉴了上述两个研究的研究设计思想，对网络结构如何影响知识扩散进行了仿真探索，进一步丰富了相关结论。

此外，一些学者也试图通过仿真方法识别和验证造成网络结构差异性的动因。乔尔·鲍姆等（Baum, Cowan, Jonard, 2010）的仿真研究表明，除去企业间联系对企业合作伙伴选择行为的影响，仅依照知识互补规则所形成的创新网络，也具有现实网络的小世界和无标度特征。乌韦·坎特纳和霍尔格·格拉夫（Cantner, Graf, 2011）、马蒂亚斯·穆勒等（Müller, Buchmann, Kudic, 2014）关注企业合作伙伴选择偏好对群体创新网络结构的影响。他们基于主体建模仿真方法，对比分析了基于"优先连接偏好"（preferential attachment）和"重复连接倾向"行为规则所形成的创新网络的结构差异。吕一博等（2013a，2013b）将"优先连接偏好"进一步细分为基于度数中心性（degree）优先的资源拓展偏好，基于接近中心性（closeness）优先的资源获取偏好和基于中间中心性（betweenness）优先的资源拓展偏好。他们的仿真实验结果显示，不同的合作伙伴选择偏好是造成网络结构差异性的重要原因，其中资源拓展偏好的企业共性行为会促成含有较多孤立企业的集群网络；资源获取偏好主导的集群网络无标度特征最为显著；而在资源控制偏好主导的集群网络会发展成为封闭的回路结构。

2.1.3 创新网络绩效

以"网络绩效"为主线的创新网络研究主要关注网络创新绩效、能力或效率等绩效性产出的评价和量化问题（Provan，Fish，Sydow，2007；Jeon，Kim，Koh，2015；Koendjbiharie，2014）。此类研究尚处于起步阶段，相关文献的理论出发点和研究结论较为分散，彼此理论互通性较为薄弱。

与较为丰富的个体层面的企业创新绩效研究相比，目前学术界对群体层面的创新网络绩效的探索相对不足（Koendjbiharie，2014）。仅有的几篇网络绩效相关文献由于研究视角和具体研究对象的差异，所提出的绩效分析理论框架和绩效测量量表的通用性极为有限；但它们普遍通过累加个体企业的外部合作绩效来计算系统整体绩效。德特马·斯特鲁布等（Straub，Rai，Klein，2004）根据卖家与买家之间的信息共享活动来研究供应链网络绩效。他们指出供应链绩效是个体企业外部合作绩效的累加；而企业网络绩效则可以从营业毛利、净贸易周期和流动资本效率三方面考察。克劳斯·莫勒（Moeller K，2010）也从个体企业外部合作绩效入手，研究商业生态系统的网络绩效。他从销售收入增长、生产成本下降、价值创造和利润增长四方面评价企业外部合作绩效，并通过对企业主管的访谈和问卷调查来收集相关基础数据。安妮卡·桑德斯特罗姆和拉尔斯·卡尔松（Sandström，Carlsson，2008）聚焦政策驱动型创新网络绩效，指出政策驱动型创新网络绩效可以从效率和创新性两个维度来测量。范·德·沃克等（van der Valk, Chappin, Gijsbers, 2011）从网络结构和网络资源两大维度来研究创新网络的绩效。他们认为，网络结构特征反映了其内部的知识传播扩散效率，而网络资源则是造成企业间外部合作绩效差异的主要原因。

值得注意的是，一些学者从对创新网络演化模型构建相关研究中吸收新观点，以探索网络创新绩效。这为网络创新绩效的定义和评价提供了新的思路。乔尔·鲍姆等（Baum, Cowan, Jonard, 2010）在复杂网络和多主体建模思想的基础上，开创性地引入"知识空间"的概念。他们指出，创新网络系统对应了一个抽象的多维知识空间，且伴随创新网络结构的演化，知识空间相应地发生各种知识流动，表现为成员企业在知识空间中的位置改变，由此网络创新绩效就可以通过成员企业在知识空间中的位置改变量来评价。乔尔·鲍姆等（Baum, Cowan, Jonard, 2010）对网络创新绩效的界定依据和量化方式被国内外多个学者和研究团队所认可，并较为频繁地出现在近年来的创新网络演化仿真研究中，例如，黄玮强等（2011）对企业集群创新网络演化的仿真研究，来向红（2014）关于合作伙伴选择方式对创新网络绩效影响的仿真研究，马里奥·托马塞洛等（Tomasello, Tessone, Schweitzer, 2016）对企业间动态重复连接规则以及合作研发网络中知识交换模型的构建研究，伊万·萨维纳和阿比奥顿·埃格贝托昆（Savin, Egbetokun, 2016）对合作研发行为驱动的创新网络演化仿真研究，埃琳娜·图尔和华金·阿萨格拉·卡洛（Tur, Azagra-Caro, 2018）对内生知识网络和知识创造的协同演化仿真研究，等等。

2.1.4 创新网络演化

创新网络是"活"的类生物组织机体，动态性是其根本属性，而演化机制则是其能够长期存在的根本原因（Brenner, 2004; Menzel, Henn, Fornahl, 2010）。学者们对创新网络演化问题的关注由来已久，但相关研究远未达到完善，仍有较大发展空间（Martin，Sunley，2011）。

从研究范式来看，创新网络演化相关文献主要可分为"基于生命周期理论的案例研究和实证统计"以及"基于复杂适应系统理论的多主体仿真研究"两大类。其中，前种范式的创新网络演化研究历史较长，而后种范式则是近年来网络演化研究的新发展方向。

2.1.4.1 基于生命周期理论的创新网络演化案例/实证研究

在创新网络演化早期研究中，学者们通过对现实中企业群体经济活动的大量观察，指出创新网络如同生物体一般，存在类似"出生—成长—成熟—衰退—死亡"的生命周期过程（Menzel，Fornahl，2009）。常见的创新网络生命周期模型一般是四阶段或五阶段。例如：范·迪克（Van Dijk，1997）根据对印度等发展中国家创新系统数据分析结果，将创新系统生命周期划分为地理聚集、贸易集散、劳动分工、创新和功能齐全五个阶段；罗伯特·卡佩罗（Capello，1998）聚焦产业集群创新系统生命过程，指出集群网络发展是从低级到高级的过程，包括区域集聚、专业化、产业化和创新四个阶段。约翰·威尔逊和安德鲁·波普（Wilson，Popp，2003）通过分析英国曼彻斯特工业区发展历程，提出了创新网络"临界—起飞—高峰—饱和"四阶段生命周期模型。

基于生命周期理论观点，学者们挖掘和识别在不同阶段中制约创新网络发展演化的关键要素。詹姆斯·劳奇（Rauch，1993）同时分析了美国在二战后近50年的产业园区土地价格走势与产业集群发展相关数据，指出土地租金要素主要影响集群初期的形成过程，当集群步入快速发展期，该要素的影响逐渐减弱。安纳李·萨克森尼安（Saxenian，1996）分析了美国两大高科技产业集群不同的命运结局（硅谷崛起和128公路衰落）时指出，与128公路相比，硅谷能够实现快速发展的主要原因在于区域内形成了由企业、科研组织、中介机构、金融机构、商业协会等组成的紧密相连的本地化网络，包括合作网络、社会关系网络与人际网络，以及本地化网络的不断演化。乔尔·鲍姆和海瑟·哈夫曼（Baum，Haveman，1997）

在分析曼哈顿旅馆业商业生态系统近百年数据的基础上，指出当商业生态系统步入成熟期后，系统内企业在地理区位、自身规模和定价机制上的相似性会极大增强系统内竞争强度和信息外溢风险，从而刺激系统衰落可能性的激增。乌多·斯塔贝尔（Staber，2001）以德国巴登纺织业集群为研究对象，通过调查 40 年来群内企业的倒闭情况分析了集群失败的原因，发现地理邻近性对集群企业的影响是双向的，当企业的合作意识与创新意愿较为淡漠时，集群衰落就成为必然。奥拉夫·索伦森（Sorenson，2005）通过对美国鞋革产业集群 1940～1989 年间的数据分析，发现集群系统内企业已有的社会关系主导着集群系统演化过程中知识、信息、人力和资金等资源的流动。布伦纳·托马斯和米利希·安德烈（Brenner，Mühlig，2007）比对了 159 个企业集群形成的先天条件、触发事件和自我强化的过程，发现集群发展过程中，关键驱动因素因时间和地理区位等的差异而千差万别。

基于生命周期理论的创新网络演化案例研究和实证研究起步较早，但与创新网络静态研究相比，相关文献数量较为有限。主要原因在于，对某一创新网络演化过程的实证调查建立在观测各个网络成员发展轨迹的基础上，涉及大样本连续时间的相关数据。但长时段大规模数据采集难度较大，限制了基于生命周期理论的创新网络演化案例和实证研究的深化、细化和可重复性。

2.1.4.2 基于 CAS 的创新网络演化仿真研究

近年来，复杂适应系统理论和多主体建模仿真方法的迅猛发展为创新网络演化研究系统发展了新的思路，即：创新网络是一个具有复杂适应性的网络结构组织，其发展演化是由成员企业群体开放式创新行为所驱动，并受到系统创新环境的制约（Albino，Carbonara，Giannoccaro，2006；Brenner，2001；Garcia，2005）。

一部分学者基于"网络依赖"（network-dependent）的行为偏好规则构建创新网络多主体仿真模型，开展对创新网络演化机制的探索。李吴和曹宏铎（2010）基于 BA 模型中的"优先连接"思想，构建了集群创新系统小世界与价值选择双重网络演化仿真模型。乌韦·坎特纳和霍尔格·格拉夫（Cantner, Graf, 2011）、马蒂亚斯·穆勒等（Müller, Buchmann, Kudic, 2014）的研究相近，他们聚焦"优先连接偏好"和"重复连接倾向"行为规则，对比分析基于两大不同行为规则所形成的创新网络的结构差异。吕一博等（2013）提出资源导向的企业网络行为分析框架，将"优先连接偏好"进一步细分为基于度数中心性优先的资源拓展偏好，基于接近中心性优先的资源获取偏好和基于中间中心性优先的资源拓展偏好。随后，他们通过仿真实验，发现不同的合作伙伴选择偏好是造成网络结构差异性的重要原因，其中资源拓展偏好的企业共性行为会促成含有较多孤立企业的集群网络；资源获取偏好主导的集群网络无标度特征最为显著；而在资源控制偏好主导的集群网络会发展成为封闭的回路结构。

另一部分学者则基于"知识互补"（knowledge complementary）行为偏好规则构建创新网络多主体仿真模型，开展对创新网络演化机制的探索。乔尔·鲍姆等（Baum, Cowan, Jonard, 2010）应用复杂网络理论和多主体建模思想方法，构建了"基于企业知识互补行为规则的合作创新网络模型"。他们通过大量重复性仿真实验，发现在不考虑网络结构和网络位置对企业间合作行为影响的情况下，企业间合作网络依然会显示出现实中大规模复杂网络的小世界和无标度特征。此后，乔尔·鲍姆等（Baum, Cowan, Jonard, 2014）对"基于企业知识互补行为规则的合作创新网络模型"做了局部调整——补充了"互利互惠"约束条件，并将新模型应用到"企业网络位置对长期与短期创新绩效的影响及影响差异"为主题的仿真研究中。此外，在乔尔·鲍姆等（Baum et al, 2010, 2014）研究基础上，黄玮强等（2011）、马里奥·托马塞洛等（Tomasello, Tessone, Schweitzer, 2016）、伊万·萨维纳和阿比奥顿·埃格贝托昆（Savin, Egbetokun, 2016）、埃琳娜·图尔和华金·阿萨格拉·卡洛（Tur, Azagra-Caro, 2018）对"基于企业知识互补行为规则的合作创新网络模型"进行了不同程度的改进，分别对创新网络演化过程中网络结构特征、网络创新绩效规模以及影响网络结构和网络创新绩效规模的关键影响因素，进行了深入研究。

从上述研究可以观察到，目前流行的创新网络系统多主体仿真模型普遍存在一个问题，即对网络演化的核心"开放式创新行为"的定义和描述过于简化，用企业合作伙伴选择环节的"选择偏好"替代企业开放式创新行为全过程（Purcell，Mcgrath，2013；Alexy，George，Salter，2013；吴航，陈劲，2015）。这极大削弱了模型的可解释性，也令模型的仿真实验结果难以被理解和信服。

2.2　开放式创新理论

现阶段，学术界对开放式创新的理论研究主要集中在企业层面（West et al，2014；Porto Gómez，Otegi Olaso，Zabala-Iturriagagoitia，2016）。相关文献大多从战略角度出发，关注企业开放式创新战略实施过程中的单一环节或用特定构建来描述开放式创新战略，对"开放式创新如何影响企业创新产出（How）"以及"企业开放式创新实践受哪些因素的制约，这些因素如何影响开放式创新的作用效果（What/How）"等理论问题进行了大量的探索，并取得了丰富的研究成果。但较少覆盖开放式创新行为全过程（Purcell，Mcgrath，2013；Alexy，George，Salter，2013；吴航，陈劲，2015）。

2.2.1　开放式创新作用机制

目前学术界对开放式创新作用机制的相关研究大体上可以归纳为两大范式。一类是"有无/对比"范式，即通过对比企业实施开放式创新战略/行为前后，或对比不同企业开放式创新模式，分析企业（间）内部研发模式、商业模式、网络关系和市场交易等方面的变化情况，以及这些变化对创新产出的影响，进而归纳和总结开放式创新的作用机制。另一类是"开放程度"范式,即关注企业开放式创新战略行为的开放度(openness)对企业(创新)绩效、创新效率和创新能力等指标的影响效果。前者多通过案例研究方法实现,且研究对象大多以大型跨国公司为主;而后者则主要关注中小企业,基于二手统计数据和问卷数据以实证统计方法实现(Hossain,2015;Spender,Corvello,Grimaldi,et al,2017)。

2.2.1.1 基于"有无/对比"范式的案例研究

基于"有无/对比"范式的开放式创新案例研究主要围绕"内部研发""市场交易""关系网络"和"商业模式"四大主题展开关于开放式创新作用机制/效果的探索。"内部研发"主题研究主要涉及开放式创新战略/行为主导下企业研发战略转变、内部研发组织形式及组织形式特征等问题;"市场交易"主题研究主要涉及开放式创新战略/行为主导下企业间技术交易形式、特征等问题;"关系网络"主题研究主要涉及开放式创新战略/行为主导下企业与供应商、竞争对手、科研机构、客户、消费者、风险投资人、中介机构、服务机构和政府部门等组织或个人之间的关系特征、关系重要性、关系管理等问题;"商业模式"主题研究主要涉及开放式创新战略/行为主导下企业如何将内部创新成果商业化,以及影响企业创新成果商业化等问题。

基于"有无/对比"范式的开放式创新案例研究起步较早,对人们理解开放式创新概念内涵和作用机制做出了巨大的贡献。由于案例调研需要耗费大量的时间精力,而且直接接触大型企业中高层管理团队的条件和渠道较为稀缺,此类研究受到了一定的限制。

2.2.1.2 基于"开放程度"的实证统计研究

基于"开放程度"的实证统计研究大多以"开放度(自变量)—企业创新绩效(因变量)"为基础研究框架,开展对"开放式创新作用机制/效果"问题的探索;企业开放式创新战略/行为开放度构念与测量、开放度与企业创新绩效之间呈何种关系,以及这种关系受到哪些因素影响或调节则是该类范式研究的三大核心问题。此外，当前的开放式创新实证研究的相关文献中所提及的开放度在大多数情况下被默认或限定为内向型开放式创新战略行为的开放度（Enkel, Gassmann, Chesbrough, 2009；Dahlander, Gann, 2010）。

目前，学术界对"（内向型）开放度的构念与测量"和"（内向型）开放度与企业创新产出之间的关系"两大问题尚未达成较为统一看法（Gann, 2010；Huizingh, 2011）。

一部分学者将开放度抽象为一维构念，开展对开放度与企业创新产出关系的探索。洪广鹏和蒋云华（Hung, Chiang, 2010）采用"企业开放倾向"（proclivity to open innovation）来描述开放度，并开发相关量表测量企业开放倾向。他们通过对 122 家中国台湾电子制造企业知识购买、技术并购和外部知识搜索等内向型开放式创新行为的调查分析，发现开放度对企业绩效增长有积极影响。桑杰·西索迪亚等（Sisodiya, Johnson, Grégoire, 2013）对企业开放度的理解和量化方式与洪广鹏和蒋云华（Hung, Chiang, 2010）的处理相似。他们通过对 204 家高科技 B－B 企业创新绩效 Tobin's q 比率数据分析，发现内向型开放式创新战略行为与企业长期绩效之间呈正向关系。但伦尼·贝尔德博斯等（Belderbos et al, 2010）基于同样的绩效指标分析 168 家研发密集型企业 1996～2003 年的面板数据却显示，内向型开放式创新对企业创新绩效无显著积极影响。此外，安东尼·戈尔岑和保罗·比米什（Goerzen, Beamish, 2005）采用网络关系多样化程度和相关量表来量化企业开放倾向，在对 580 家大型跨国公司进行问卷调查之后，发现企业开放倾向与企业绩效之间呈负向关系。

另外，乌尔里希·利希滕塔勒（Lichtenthaler, 2011）将企业内向型开放度理解为企业对外部知识技术的接纳程度，可以用企业吸收外部知识技术的数量来衡量。他们认为企业对外部知识技术的开放度越大，其实现高销售收益率的可能性就越大。但是德里斯·菲姆斯等（Faems et al, 2010）却得出不同的结论。他们用外部知识渠道数目和渠道种类数目评价企业对外部知识技术的开放度。他们对 30 家比利时制造业企业的实证研究显示，开放度的放大在提升企业创新绩效的同时，也造成了创新成本的增加，进而导致边际财务绩效大幅度下降。

一部分学者将开放度抽象为基于"宽度（breadth）—深度（depth）"的二维构念，开展对开放度与企业创新产出关系的探索。绝大多数实证统计范式的开放式创新作用机制/效果研究都采取此类问题切入和处理方式（Cruz-González et al, 2015）。

最早引入"宽度—深度"二维构念框架的是凯德·劳尔森和阿蒙·萨特（Laursen, Salter, 2006）。他们将瑞塔·卡蒂拉和高塔姆·阿胡贾（Katila, Ahuja, 2002）提出的企业内部搜索行为的"宽度—深度"概念框架拓展到企业外部搜索行为层面上。他们将外部搜索宽度描述为企业搜索外部知识的广泛程度，并用企业外部搜索渠道数目指标来评价；将外部搜索深度描述为企业深入搜索外部知识的程度，用企业深度外部搜索渠道数目来评价。通过对 2707 家英国制造业企业面板数据的分析，凯德·劳尔森和阿蒙·萨特得出两点主要结论：一是搜索宽度和深度分别与企业创新绩效呈倒 U 型关系；二是对不同类型的创新产出，搜索宽度与深度表现出不同的作用效果，搜索宽度对突破性创新的积极作用远大于搜索深度，而搜索深度对渐进性创新的贡献明显高于搜索宽度。

凯德·劳尔森和阿蒙·萨特（Laursen, Salter, 2006）关于内向型开放度的概念分析框架和量化方式被众多学者所接受和采纳，随后的这些研究中的一部分，所得出的结论与凯德·劳尔森和阿蒙·萨特的实证研究结论相似。安东尼拉·马蒂尼等（Martini, Aloini, Neirotti, 2012）、卡洛斯·阿鲁达等（Arruda C et al. , 2013）应用凯尔德·劳尔森和阿蒙·萨尔特（Laursen, Salter, 2006）关于内向型开放度概念框架和测量方式，分别对 500 家意大利技术型公司和 72 家巴西企业进行实证研究，结果显示开放度与企业创新绩效呈倒 U 型关系，以及搜索宽度和深度对不同类型创新绩效的影响不同。洪广鹏和蒋云华（Hung, Chiang, 2010）在凯德·劳尔森和阿蒙·萨特（Laursen, Salter, 2006）的研究基础上，对 184 家中国台湾电子产品制造企业进行实证分析，结果显示搜索宽度对突破性创新绩效有正向影响，而搜索深度则对渐进性创新绩效有正向影响。陈劲和陈钰芬（2008）在对209家浙江中小企业问卷反馈数据分析的基础上，发现搜索宽度和深度分别存在一个最佳"临界值"，当搜索宽度和深度超出临界值时，开放度对企业创新绩效主要表现为负面作用。洛伦佐·阿迪托和安东尼奥·梅塞尼·佩特鲁泽利（Ardito，Petruzzelli，2017）主要关注搜索宽度与企业产品创新之间的关系，他们通过对2008~2010年5971份企业观察员的问卷调查，发现搜索宽度与产品绩效之间呈倒U型关系。

而另一部分研究则得出与凯德·劳尔森和阿蒙·萨特明显不同的结论。陈劲等（Chen，Chen，Vanhaverbeke，2011）对浙江中小企业的问卷调查，以及琼·莫安等（Ahn，Minshall，Mortara，2015）对306家韩国创新型中小企业的问卷数据分析，均显示搜索深度与搜索宽度均与创新绩效呈单调正向关系，而非倒U型关系。巴约纳·萨伊斯等（Bayona-Sáez et al，2013）对西班牙农产品企业合作创新情况调查显示，开放式创新战略行为对突破式创新有积极影响，但对渐进式创新无显著影响；企业的渐进式技术创新绩效主要取决于企业内部的资源和能力。詹姆斯·洛夫等（Love，Roper，Vahter，2014）主要关注搜索宽度对企业创新绩效的影响，在对爱尔兰制造业企业的面板数据分析的基础上，他们发现随着搜索宽度的提升，企业创新绩效也单调增加。奥莫拉约·奥卢瓦托普等（Oluwatope et al，2016）在分析尼日利亚制造业企业2008年创新数据的基础上，指出搜索深度与创新绩效之间呈单调正向关系，但搜索宽度对创新绩效无显著影响。西里·特耶森和潘卡吉·帕特尔（Terjesen，Patel，2017）对来自23个产业505家企业的跟踪调查显示，搜索宽度和深度对企业过程创新绩效有不同的作用影响，前者与过程创新绩效呈负向关系，而后者则与过程创新绩效呈正向关系。

2.2.2 开放式创新作用机制/效果的关键影响因素

开放式创新对企业创新产出的双重影响（Laursen，Salter，2006；Dahlander, Gann, 2010), 使越来越多的学者意识到企业在实施开放式创新战略行为过程中会受到一些来自企业内部和企业外部因素的"干扰", 挖掘和识别这些关键影响因素对理解开放式创新作用机制至关重要。

2.2.2.1 内部因素

一部分学者聚焦企业内部, 关注企业自身的属性和特征对其开放式创新战略实践活动的影响。而企业资源和吸收能力是目前被视为最重要的内部影响因素, 且学者们对吸收能力的关注度更强。

1. 企业资源的影响

首先, 企业资源的存量和多样性对其开放式创新实践活动有显著影响。哈基库尔·拉赫曼与伊莎贝尔拉·拉莫斯 (Rahman, Ramos, 2010) 认为, 与大企业相比, 中小企业长期承受资金和技术等资源匮乏的困扰, 这导致中小企业很难开展开放式创新活动, 且更难从开放式创新模式中获利。乌尔里希·利希滕塔勒 (Lichtenthaler, 2009) 也持相类似的观点。通过对 136 家企业专利授权情况的调查, 发现拥有雄厚知识技术储备的大企业在专利出售和授权过程中, 能够掌握更多的主动性, 更容易获得理想收益。但维尼特·帕里达等 (Parida, Westerberg, Frishammar, 2012) 却认为, 正是因为内部资源短缺, 中小企业更加需要打开外部通道来吸收"外源", 从而维持自身生存与发展; 而且由于自身组织结构简单, 结构惯性较小, 中小企业有更强的动机实施开放式创新战略行为, 并实现"爆发式"成长。

其次, 不同类型的资源对开放式创新实践的影响也不尽相同。海伦娜·加里加等 (Garriga, Von Krogh, Spaeth, 2013) 关注企业内部知识资源与外部知识搜索行为之间的关系。在对瑞士企业大规模问卷调查的基础上, 他们发现企业内部知识短板会削弱企业创新绩效, 而外部知识搜索则会提升企业创新绩效, 二者是相互抵消的关系。崔婷茹等 (Cui et al, 2015) 聚焦企业的 IT 技术对其开放式创新实践的影响, 通过对 255 家中国企业面板数据的分析, 他们发现 IT 弹性 (IT flexibility) 和开放宽度相勾连, 共同影响企业技术创新产出的规模 (volume) 和突破性 (radicalness）；而 IT 整合度（IT integration）和开放深度相勾连，只影响企业技术创新规模。洛伦佐·阿迪托和安东尼奥·梅塞尼·佩特鲁泽利（Ardito, Petruzzelli, 2017）关注企业战略性人才资源对外部知识搜索效率的作用。通过对意大利企业创新数据的分析，他们发现搜索宽度与产品创新绩效之间呈倒 U 型关系，并受企业战略性人才异质性调节；战略性人才的异质性越大，外部搜索对产品创新所造成的负面影响出现越晚。

2. 企业吸收能力的影响

学术界对"吸收能力如何影响开放式创新作用机制/效果"这一问题的关注由来已久，学者们对此进行了大量的研究，并取得了丰富的研究成果。一方面，学者们认为企业吸收能力与开放式创新战略行为是相辅相成的。安德烈·斯皮托芬等（Spithoven, Clarysse, Knockaert, 2010）认为企业吸收能力与内向型开放式创新相互促进，较强的吸收能力能够促进企业内向型开放式创新绩效；而从外部吸收的知识丰富和优化了企业自身的知识结构，带动了企业吸收能力的提升。邦善·金等（Kim, Kim, Foss, 2016）认为企业应在吸收能力和开放式创新之间寻求平衡，因为在开放式创新实践中，吸收能力可以弥补中小企业资源短缺的问题，帮助其优化开放式创新效率，并从中受益，而优秀的开放式创新战略模式又能够促进企业吸收能力进一步提升。吕莎·弗洛等（Flor M L, Cooper, Oltra, 2017）认为企业吸收能力决定了它们卷入开放式创新战略的意愿或积极性，以及其潜在的开放式创新绩效规模。

另一方面，学者们将吸收能力作为调节变量，并将其引入"开放度（自变量）—企业创新绩效（因变量）"的基本实证框架下，开展对开放式创新作用效果的探索。何塞·路易斯·费雷拉斯·门德斯等（Ferreras-Méndez et al, 2015）对 102 家西班牙生物制药企业的实证研究表明，吸收能力在搜索深度与企业创新绩效之间扮演了重要的"调节者"的角色，能够强化搜索深度对创新绩效的积极作用。何塞·路易斯·费雷拉斯·门德斯等（Ferreras-Méndez, Fernández-Mesa, Alegre, 2016）在对 467 家西班牙制造业企业创新数据分析的基础上，发现吸收能力能够放大外部知识搜索对企业开发型学习和探索型学习的正面作用。周博等（Zou，Guo，Guo，2017）通过对 218 家中国企业样本数据的回归分析，发现吸收能力正向调节开放深度和开放宽度对创新绩效的影响。

2.2.2.2 外部因素

一部分学者将注意力转向企业外部，认为企业开放式创新实践效果受外部条件和环境制约。尤其是近年来，随着创新网络理论的发展，越来越多的学者意识到企业所处的创新网络系统是其实施开放式创新战略行为重要平台（Gobble，2014；de Oliveira et al，2017）。这促使关注创新网络的环境特征对企业开放式创新实践影响的研究呈上升趋势，并形成了"环境/情境依赖"（context-dependency）观点（Huizingh，2011；Hsieh，Tidd，2012；Cruz-González et al，2015）。

与内部因素研究相比，由于开放式创新研究与创新网络研究的长期割裂状态，目前对开放式创新作用机制/效果关键外部影响因素的探索尚处于起步阶段，相关研究还远未达到完善水平。此外，由于"环境"或"情境"概念内涵极为丰富，难以在单一研究中全部覆盖，学者们只关注企业所处创新环境或情境的某一特定方面，并将其简化抽象为一维构念，开展其对开放式创新作用效果的研究，在一定程度上造成了同类研究的零碎化。现阶段，学者们已识别的外部系统因素可以归纳为"宏观市场环境""产业技术/产业特征""关系/网络"三类。

1. "宏观市场环境"类因素

阿尔瓦罗·埃斯克里巴诺等（Escribano，Fosfuri，Tribó，2009）聚焦企业外部环境的动荡性（environmental turbulence）对企业开放式创新实践的影响。他们研究发现，环境动荡性会加剧吸收能力对"外部知识搜索—创新绩效"关系的调节效应。菲奥娜·史怀哲等（Schweitzer，Gassmann，Gaubinger，2011）将企业外部环境限定为企业的市场环境，研究市场动荡性（market turbulence）对企业开放式创新实践活动的影响。他们在对 281 家上奥地利（Upper Austria）企业数据分析的基础上，指出市场动荡性对开放式创新作用效果有显著影响作用，市场的动荡程度越高，实施开放式创新战略的企业越容易获得成功。洪广鹏和克里斯汀·周（Hung, Chou, 2013）关注技术市场动荡性对开放式创新实践效果的影响，通过对中国台湾电子产品制造企业的跟踪调查，他们发现出技术市场的动荡程度正向调节"外部知识并购—创新绩效"关系。桑贾伊·西索迪亚等（Sisodiya, Johnson, Grégoire, 2013）则将目光转移到企业外部环境中的技术外溢情况，他们认为技术外溢程度越高，开放式创新对企业创新绩效正向影响作用就越强。

2. "产业技术/产业特征"类因素

乔尔·鲍姆等（Baum, Cowan, Jonard, 2010）聚焦产业技术创新环境的破坏度（disruptiveness）对群体企业合作创新产出的影响。他们将破坏度简化抽象为一个介于 0 ~ 1 的连续变量，并通过仿真方法模拟不同破坏度条件下群体企业合作创新产出的变化情况，结果显示破坏度越高，群体企业在合作创新过程中所实现的创新绩效越大。西丽·泰耶森和潘卡杰·帕特尔（Terjesen, Patel, 2017）关注产业中群体异质性对企业外部搜索行为效果的影响，在对来自 23 个产业 505 家企业的面板数据进行回归分析的基础上，他们发现，与低群体异质性产业相比，在高群体异质性的产业中，搜索宽度对企业过程创新的消极影响较弱，而搜索深度对过程创新的积极影响则更强。梅赛德斯·塞加拉·西普雷斯和胡安·卡洛斯·布·卢萨尔（Segarra-Ciprés, Bou-Llusar, 2018）关注产业技术发展水平对开放式创新实践的影响，通过对来自欧盟 13 国 29 个产业的 18955 家企业的大规模面板数据的统计分析，他们发现开放式创新战略行为在知识发展水平较高的产业中更容易促使企业实现超高创新绩效增长。

3. "关系/网络"类因素

维姆-范哈弗贝克（Vanhaverbeke, 2006）指出，开放式创新与组织间网络互为因果：一方面，关系网络为开放式创新实践提供了巨大的便利条件，包括提供外部资源的接触与获取渠道，与内部创新成果输出渠道；另一方面，企业在与客户、供应商、终端消费者、科研机构以及金融机构等利益相关者的互动过程中，必然会形成各种正式与非正式合作关系。李胜珠等（Lee et al，2010）认为关系网络对开放式创新至关重要，他们对韩国 2743 家中小企业和 329 家大型企业 2002～2004 年间创新数据进行分析，发现网络能够帮助中小企业克服"小与新的劣势"，是企业接触和获取外部资源的重要渠道，是企业实施开放式创新战略模式不可或缺的媒介。

2.3　开放式创新行为

现阶段，与开放式创新行为研究有关的文献主要有两部分。一部分是开放式创新研究领域中关于企业外部知识搜索战略的研究，另一部分则是社会网络和复杂网络研究领域中关于企业合作伙伴选择偏好的研究。

2.3.1　外部知识搜索

对企业外部知识搜索的研究沿袭自组织行为学和演化经济学中的"组织搜索"理论。目前，创新管理学者普遍认同"外部知识搜索对企业创新绩效和创新能力有显著的影响作用"。外部知识搜索是一种组织获取外部知识和创新资源的过程，企业通过搜索可以改善有关知识水平与资源禀赋，提升技术创新能力，增强对外部环境适应的能力（Beatty，Smith，1987）。

学者们对外部知识搜索的类型划分主要存在两种观点。第一种观点是一维划分，以外部搜索距离为基准，按照企业搜索创新源的"远近"，将外部搜索划分为本地搜索（local search）和远程搜索（distant search）。由于"远近"不仅是地理层面上的，更是认知层面上的（Nooteboom et al，2007），有学者将"本地搜索/远程搜索"与组织学习研究中的"开发式学习/探索式学习"（exploitation/exploration）结合起来（March，1991）。

第一种观点认为，本地搜索强调与已有知识基密切相关的外部知识和创新资源的获取与利用，且搜索成本低、风险小，有利于企业的渐进式创新产出，但企业过分依赖本地搜索会导致自身知识基和资源禀赋的单一化，使得企业陷入"核心刚性"陷阱（Stuart, Podolny, 1996；Rosenkopf, Nerkar, 2001）。远程搜索则强调突破当前组织惯例、知识基和资源禀赋的限制，对外部资源渠道中的异质性创新资源的捕获和开发（Levinthal, 1995；Rosenkopf, Almeida, 2003）。远程搜索能够为企业带来多样化的异质性知识和创新资源，帮助企业摆脱组织惯例的束缚，有利于突破式创新的实现，但搜索成本高、风险大（Kang, Kang, 2009；Grimpe, Kaiser, 2010）。需要注意的是，基于"搜索距离"的外部知识搜索类型划分观点，尚未就"临界距离"达成一致，本地搜索与远程搜索之间没有明确的划分界线。

第二种观点认为外部搜索不仅是"范围问题"还是"程度问题"，即二维划分。利塔·卡蒂拉和高塔姆·阿胡贾（Katila, Ahuja, 2002）对组织内部搜索的研究首次明确体现了搜索类型二维划分思想。他们强调组织搜索或解决问题的努力不仅在于搜索的范围（本地搜索或远程搜索），还在于搜索的程度（强力搜索或基本搜索）；并提出宽度和深度的概念来分别对应"范围"和"程度"。随后，凯尔德·劳尔森和阿蒙·萨尔特（Laursen, Salter, 2006）将这种二维划分思想拓展到外部搜索上。他们认为外部搜索宽度和深度是企业开放度衡量的两大依据，宽度反映了企业搜索外部知识和创新资源的广泛程度，可以用外部创新源和搜索渠道数目来测度宽度；深度反映了企业搜索外部知识和创新资源的深入化程度，可以用强合作的创新源和强搜索渠道数目来测度深度。劳尔森和萨尔特（Laursen, Salter, 2006）的外部搜索概念框架和测度标准得到了较高程度的认可，并被相当一部分学者采纳，如洪广鹏和蒋云华（Hung Kuang-Peng, Chiang Yun-Hwa, 2010）、安东尼拉·马蒂尼等（Martini, Aloini, Neirotti, 2012）、何塞·路易斯·费雷拉斯·门德萨等（Ferreras-Méndez et al., 2015）在对中国台湾电子制造企业、意大利科技型企业和西班牙生物技术企业开放式创新实施情况的实证分析中均用到此理论。

值得注意的是，劳尔森和萨尔特（Laursen，Salter，2006）的外部搜索概念框架与其所用的测度标准并不完全匹配。前者更多强调的是能力和投入：搜索宽度——可以多大范围搜索外部知识，与"搜索半径"的内涵较为接近；搜索深度——可以深入挖掘外部创新源知识和资源的程度，与企业平均关系强度的内涵较为接近。后者则主要反映了搜索行为的行为结果，即企业自我中心创新网络。彭小宝等（Peng，Song，Duan，2013）的研究充分印证了这一点。他们在"中国中小企业开放式创新战略应用情况与创新绩效关系"的研究中，直接用凯德·劳尔森和阿蒙·萨尔特（Laursen，Salter，2006）的测度标准衡量企业自我中心网络的结构特征：网络宽度——企业拥有外部创新源和搜索渠道的数目；网络深度——企业拥有强搜索创新源和搜索渠道的数目。在本书的研究中，我们采纳劳尔森和萨尔特（Laursen，Salter，2006）的对外部搜索类型的二维划分思想，但我们认为搜索宽度和深度更多描述的是能力和投入，二者描述了企业的外部搜索策略，对企业自我中心网络的结构（即网络宽度和深度）有显著的影响。搜索宽度决定了搜索过程中的前端环节，即搜索范围划分；而搜索深度决定了搜索过程中的末端环节，即企业间的联系形成。

2.3.2　合作伙伴选择及选择偏好

企业合作伙伴选择及选择偏好是企业间形成联系的关键决定因素（Baum，Cowan，Jonard，2010；Li et al，2008；Berardo，Scholz，2010），是企业外部搜索行为过程中的重要环节。目前对"合作伙伴选择及选择偏好"的相关研究主要分布在复杂网络和社会网络研究领域。其对开放式创新研究领域的贡献在于，明确指出企业实施开放式创新战略的"网络嵌入"背景和条件（Gay，2014）。因此，外部搜索行为受不同形式的创新网络（包括供应链网络、研发网络、人际网络等）的影响，而这个影响主要体现在行为的中间环节——合作伙伴选择：企业的合作伙伴选择偏好具有明显的"网络导向"。

首先，网络位置对企业合作伙伴选择具有显著的影响作用。网络位置是企业的重要竞争工具，能够帮助企业提升创新绩效，并形成对整体或局部创新网络中创新资源流动性的控制力（Powell et al，2005；Ahuja，2000）。处在不同的网络位置的企业所获得的"网络收益"是不同的。一般情况下，占据重要网络位置的是那些拥有丰富创新资源和较强创新能力的企业和组织（吕一博，程露，苏敬勤，2013；徐建中，徐莹莹，2015），它们控制着创新网络中的信息传递、知识共享和资源交换（Schilling，Phelps，2007；Burt，2017）。因此，企业在建立网络联系时会同时考虑自身和候选对象的网络位置情况，以实现联系的利益最大化。

詹姆斯·科尔曼（Coleman，1988）指出，聚集性高的网络有利于成员组织间的交流互动，企业在选择合作伙伴时，会偏好网络中的"近点"，即网络可达性高。罗纳德·伯特（Burt，1992）则认为具有丰富结构洞的"中间人"网络位置，即桥接两个或多个创新网络的节点，能够为企业带来"信息优势"，从而帮助企业控制整体网络的知识信息流动和资源交换，因此企业有占据"中间人"网络位置的倾向。吕一博等（2013a，2013b）在梳理前人研究成果的基础上，指出企业合作伙伴选择的"网络位置偏好"具有阶段性特征：处在网络边缘的初创企业和中小企业倾向与占据高"接近性"（接近中心度）网络位置的企业建立联系，以快速融入网络，克服"新与小的劣势"；处在网络中层的发展期企业在维持基本生存的前提下，倾向与占据高"连接性"（度数中心度）网络位置的企业建立联系，以实现资源渠道拓展和资源多样化；而处在网络核心位置的领军企业在保持基本成长的前提下，倾向与处在网络边缘或外部网络的新兴企业建立联系，以达到对整体网络的控制，实现"信息优势"。

其次，网络联系对企业合作伙伴选择具有显著的影响作用。企业间合作互动是有风险的，集中表现为信息不对称、合作伙伴的能力与可靠性、合作双方的目标差异度和适配度等方面（徐建中，徐莹莹，2015；Das，Teng，2001；Langfield-Smith，2008）。对大多数企业而言，尤其是资源禀赋薄弱、竞争能力较弱的中小企业，合作伙伴选择是极为慎重的决策过程。

这就造成了企业合作伙伴选择决策对企业当前联系和前期联系（合作经历或经验）的依赖性（Gulati，1995；Ebers，1999；Kim，Oh，Swaminathan，2006），即企业倾向选择"熟人"为合作伙伴。

一方面，企业倾向与当前合作伙伴或前期合作伙伴重复建立联系。相较于联系维持，联系变更要耗费大量的时间和成本。岚吉·古拉缇（Gulati，1995）指出，企业倾向于重复前期或当前的合作关系，因为在重复的过程中，合作双方不断增强彼此的熟悉度，从而帮助企业准确预测合作关系所能带来的收益。而熟悉度也意味着合作双方对彼此的信任——相信对方不会出现投机行为，从而增强合作双方的互动意愿。卡洛斯·加西亚·庞特和尼廷·诺里亚（Garcia-Pont，Nohria，2002）认为，前期的合作经验不仅提升了企业合作互动能力，还使合作双方对彼此有了更深层的了解，成功的合作意味着合作双方知识、惯例和思考方式的共享，进而促使合作双方不断强化和维持合作关系。

另一方面，企业倾向与共享第三方合作伙伴的候选对象建立联系。共享第三方合作伙伴的两个企业，可以通过共有第三方加深对彼此的了解，包括企业发展战略、业界口碑、技术能力和创新资源等方面。在共有第三方的介入下，双方合作的潜在不确定性明显降低，双方建立合作关系的可能性大幅提升。汤姆·斯尼德斯等（Snijders et al，2006）将这种类型的合作伙伴选择偏好或方式形象地称为"朋友的朋友是朋友"。盖瑞·罗宾斯等（Robins，Pattison，Wang，2009）引入企业间的"敌对竞争"关系，将"朋友的朋友是朋友"进一步细分为"朋友的朋友是朋友""朋友的敌人是敌人""敌人的朋友是敌人""敌人的敌人是朋友"四种子合作伙伴选择偏好，并将其应用于网络合作的博弈模型研究中。

2.4 本章小结

创新网络演化研究主要涉及创新网络与开放式创新两大理论基础，但目前二者却是在各自领域内独自发展，彼此间关联性较弱，呈相互割裂状态。一方面，创新网络主题研究主要集中在群体创新层面，相关文献对网络演化核心驱动力——企业开放式创新实践的关注相对不足。另一方面，开放式创新主题研究则主要集中在个体企业层面，相关文献较少考量企业开放式创新战略活动的实践平台——创新网络的环境——对开放式创新的影响。此外，在开放式创新理论研究中，学者们大多从战略角度出发，即用特定构念来描述/代表开放式创新战略，或偏重对开放式创新实践过程中的单一行为环节的分析，缺乏对开放式创新行为全过程展开深入分析。

首先，在创新网络理论方面，相关研究主要分布在创新（生态）系统、创新网络、产业集群和企业网络主题探索之中，所形成的研究成果内容极为丰富和繁杂。这部分文献主要关注群体层面的创新问题，对个体企业（特别是非核心企业）在网络中如何实现开放式成长的相关问题关注较少。从研究发展脉络来看，目前创新网络研究主要沿着"网络功能""网络结构""网络绩效"三条线索展开探索。

在对创新网络演化问题的探索上，目前主要存在三种研究方法，包括基于生命周期理论的案例研究和实证研究，以及基于复杂适应系统（CAS）理论的主体仿真研究。三种研究方法各有所长，或为补充。其中前两类研究方法的创新网络演化研究起步较早，但在普适性、演绎预测、数据获取等方面受到诸多制约，限制了此类研究的发展。而近年来，随着CAS理论和方法工具的迅猛发展，一部分学者开始尝试应用主体建模仿真方法研究创新网络演化规律，以弥补或克服案例和实证研究在普适性、演绎预测、数据获取等方面的短板。但现阶段，主体建模仿真方法在创新网络演化研究中依然存在诸多问题，集中表现为对网络演化的核心"开放式创新行为"的定义和描述过于简化，用企业合作伙伴选择环节的"选择偏好"替代企业开放式创新行为全过程，这极大削弱了模型的可解释性，也令模型的仿真实验结果难以被理解和信服。此外，在研究结构规范性方面，仿真研究涉及多个参数变量和对应关系，不如实证研究条理清晰，且在参数设置上也存在随意性较强的问题。

其次，在开放式创新理论方面，相关研究主要集中在企业个体层面。学者们围绕"开放式创新有哪些优势"和"企业如何开展开放式创新活动"等现实问题，对"开放式创新如何影响企业创新产出（How）"和"企业开放式创新实践受哪些因素的制约，这些因素如何影响开放式创新的作用效果（What/How）"等理论问题进行了大量的探索，为后续研究奠定了丰富的理论基础。

此外，在开放式创新行为研究方面，开放式创新领域相关文献，大多从战略角度展开研究，即用一个特定构念来描述开放式创新战略，或偏重对开放式创新实践过程中的单一行为环节的分析，缺乏对开放式创新行为全过程展开深入分析。目前，与开放式创新行为研究有关的文献主要有两部分。一部分是开放式创新研究领域中关于企业外部知识搜索战略的研究，另一部分则是社会网络和复杂网络研究领域中关于企业合作伙伴选择偏好的研究。

第 3 章

基于 CAS 理论的创新
网络演化研究框架

与简单的机械式系统相比，创新网络在演化过程中表现出较强的不确定性和环境适应性特征，难以用传统的还原论和决定论思想来解释其中的演化规律。而以"适应性造就复杂性"为核心的复杂适应系统（complex adaptive system，CAS）理论，为创新网络演化规律的探索提供了新的视角和思路，并被越来越多的创新管理学者所采纳（Rullani，2002；Cooke，2013）。

基于此，本书从 CAS 理论视角出发，开展对开放式创新行为驱动的创新网络演化规律的探索。具体表现为，应用 CAS 理论为开放式创新行为驱动的创新网络演化研究搭建研究框架。

在本章研究中，首先，阐述复杂适应系统（CAS）的基本属性特征、个体适应性行为以及 CAS 的演化过程。随后，分析创新网络的复杂适应系统特征。最后，应用 CAS 理论，提出本书的研究框架。

3.1　复杂适应系统：属性、个体适应性行为及演化过程

复杂适应系统理论由霍兰德（Holland）教授于1994年开创，其一经推出就迅速引起学术界的关注，并被广泛应用于观察和研究物理、生物和社会经济等不同领域的复杂系统。与传统系统科学研究中的决定论和还原论相比，CAS理论以"自主适应性造就复杂性（即个体的自主适应性行为是系统复杂性产生的根源）"为核心，将微观层面的成员个体行为与宏观层面的系统特征表现有机结合。CAS理论认为，系统现象的外在表现不是个体属性的简单叠加，而是个体属性、个体间相互影响以及个体与环境之间的交互作用所共同引起的，即"整体大于部分之和"。

3.1.1　复杂适应系统的主要属性

根据霍兰德教授的定义，一个典型的复杂适应系统应具备"聚集"（aggregation）、"非线性"（nonlinear）、"流"（flows）、"多样性"（diversity）、"标识"（tagging）、"内部模型"（internal model）、"积木块"（building blocks）等七大基本属性（李臣明等，2017；贾晓辉，2017）。其中，前四个属性侧重描述个体特征，而后三个属性则更多地体现个体和环境之间的交流机制。

（1）聚集。一群个体通过"黏合"（adhesion）机制，在一定条件下聚合成一个新的、更高层次的智能化个体——聚集体（aggregation agent），可以在复杂适应系统中自由活动。聚集是复杂适应系统演化过程中十分关键的步骤，通常是系统宏观性质与状态发生改变的转折点。需要强调的是，聚集过程不是个体间的简单合并，也非吞并导致某些个体消失；该过程中原有个体并未消失，而是进入新的更适合的环境中继续生存。

（2）非线性。个体间相互影响和相互作用不是简单的、被动的、单向的因果关系，而是主动的适应关系。个体以往的历史经验在一定程度上会影响其当前和未来的行为。在这种情况下，线性的、简单的、直线式的因果链不复存在，实际的情况往往是正负反馈作用交互影响、互相缠绕的复杂非线性关系。

（3）流。行为个体之间，以及个体与环境之间，存在各种各样的物质信息流。首先，"流"是变异适应的，即个体间关联强度会伴随交互作用发展而逐步改变，进而提高个体的适应能力；其次，"流"具有乘数效应，即个体间的一次交互能够借助个体间的联系不断传播扩散，带来效应的扩大效果；最后，"流"具有再循环效应，即个体间的资源处在循环往复过程中，保证较少资源发挥较大作用。系统自身的复杂程度越高，各种"流"发生频率就越高，所传递物质信息总量就越大。这些"流"的畅通性和周转速度则直接影响系统的演化进程。

（4）多样性。在复杂适应系统中，在各种复杂因素的影响下，个体间的差异不断放大并最终发生分化，呈现出多样化态势。多样性是复杂性的另一种表现，追溯多样性产生的原因可以更好理解系统复杂性的根源。

（5）标识。标识体现了个体从系统环境中搜索和接受信息的方式和方法，它在个体间互动交流过程中扮演了不可或缺的重要角色。在标识的作用下，个体能够分辨周围其他个体，从而进行选择性接触与合作。因此，标识是促进个体聚集和系统内部边界生成的重要机制，它控制个体间以及个体与环境间的交互作用。

（6）内部模型。在复杂适应系统中，不同层次的个体都具有预知和判定未来的能力，个体为了让预知能力有效发挥，会择优选择自身所能接受的"最优"输入模式，并将"最优"模式转变为内部结构的改变，即模型。如果个体在未来遭遇同样或相似的模式时，即可对预期结果进行判定，这一过程本质上仍然是学习机制。复杂适应系统中的全部个体均具有复杂性的内部机制，可将它们视为系统的内部模型。

（7）积木块。复杂适应系统是在一些相对简单的构件的基础上，通过改变构件的组合方式而形成的，比如不同种类的树是树叶、树枝和树干等这些相似部分进行不同形式组合产生的。因此，复杂适应系统自身的复杂性不但与构件的数目和规模有关，还取决于构件重组的形式和次数。

3.1.2 个体适应性行为特征

在复杂适应系统中，具有自我意识和自主行为能力的适应性个体（adaptive agent）是系统存在的基础，个体的适应性行为则是推动系统演化和催生系统呈现出特有的复杂性特征表现的核心驱动力。

适应性个体集感知能力、主动性和活性于一身，可以同其他个体和环境进行物质信息交互，并在交互过程中主动地进行自我调节以提高自身的适应能力。但适应性个体是有限理性的，也会做出误判和错误行为，使自身陷入衰退甚至消亡。此外，适应性个体与传统系统研究中的"元素"和"子系统"概念存在本质区别。元素只能产生与特定方式相对应的行为，而适应性个体则能实现持续修正进化、学习成长，这种特性是造成复杂适应系统与传统系统论中所提及的系统之间本质不同的主要原因。

根据霍兰德教授的定义，CAS 系统中个体适应性行为应具备以下四个特征（李臣明等，2017；贾晓辉，2017）：

（1）自主性。个体自主性体现在其能够摆脱其他个体的干预，做出自主选择和调整行为与行为方式，这是适应性个体与传统元素的主要区别。

（2）主动性。适应性个体的主动性体现在其不但能够依据环境改变做出反应，而且兼具事先预测机制——内部模型。个体主动性是复杂适应系统演化的最基本动因，是分析复杂系统整体特征表现的切入点，因为复杂系统表征是在个体间以及个体与环境间交互过程中形成和展现出来的，全部个体主动性程度共同影响系统复杂程度。

（3）交互性。适应性个体对其他个体和系统环境有一定程度的了解，能够借助标准化"语言"实现个体间、个体与环境之间的物质信息交互。正是这种交互的适应性行为推动了系统整体的演化进程。

（4）应激性。适应性个体自身存在感应器与执行器，可以对外部环境及时感应，这一特征和之前所说的自主性是一脉相承的。当个体发现自己对环境的预判和环境实际变动存在差异时，能够快速感知这种差异，并及时做出有效的调整。

3.1.3　复杂适应系统演化过程

遵循"适应性造就复杂性"原则，一群具有自主适应行为能力的智能化个体是复杂适应系统形成和发展的基础；个体适应性行为，表现为个体间以及个体与系统环境间的物质信息交互，是复杂适应系统演化的核心驱动力。

复杂适应系统演化是由个体适应行为推动的"自下而上"的过程。首先，复杂系统中的全部个体成员都处在同一个大环境中，但是每个个体仅能感知到和受制于有限范围的小环境，它们依照自身获取的有限信息来进行交流或产生冲突。其次，个体具备对环境的适应能力，能接受外界环境的变化刺激而对自身属性策略进行调整，进而提高其对系统的适应度和适应能力。最后，为了保证长久生存，个体的适应性调整同样具有持续性，众多个体行为折射出环境的复杂动态以及个体之间的共同演进。

3.2　创新网络的复杂适应系统特征

创新网络是由一群分布在特定"创新场"或"创新空间"，具有独立自主行为能力的适应性个体——创新企业或组织，彼此间相互作用和相互影响，所形成的具有复杂适应系统特征的网络组织。

3.2.1　创新网络的复杂性特征

在创新网络中，分布在网络"创新场"中的企业是网络的"节点"；

企业间的合作互动关系是网络的"联系"。创新网络的复杂性主要表现为"节点"复杂、"联系"复杂，以及节点和联系所交织的网络结构的复杂。

3.2.1.1 "节点"复杂

网络中的每一个企业都可被视为具有自我意识的智能化主体/个体，不同创新个体在"创新场"中的位置不同，直接表现为知识储备和创新知识需求的差异化。另外，每个创新个体自身也是一个小型的复杂适应系统，根据自身发展状况和对网络环境的感知，调整开放式创新行为和内部功能结构。

3.2.1.2 "联系"复杂

首先是个体间关系类型复杂。在创新网络中，存在多种关系类型：基于市场契约、具有法律效力的正式关系；基于亲朋、同行、地缘等人际社交的非正式关系；以既有知识学习和转移为导向的初级合作创新关系；以新知识创造高阶合作创新关系；等等。这些关系形成错综复杂的创新网络。

其次是创新个体间联系形成、维系或终止过程复杂。一条联系的生命周期是联系双方动态博弈的结果，而创新个体是有限理性的，且不同个体在合作决策过程中的偏好、风险承受度和认知水平等差别较大，进而导致了不同的结果。

3.2.1.3 复杂网络结构

首先是网络拓扑结构复杂。大量实证研究表明，随着经济全球化浪潮的日益加深以及互联网技术的迅猛发展，地域空间对创新网络的限制作用逐渐减弱，创新网络不再是以往的简单结构的"本地化网络"，而是表现出"小世界"和"无标度"现象的复杂网络结构特征，如沃尔特·鲍威尔等（Powell et al，2005）对美国生物制药产业的实证研究、蔡宁等（2006）对温州鞋革业和中关村 IT 产业的实证研究、李守伟和钱省三

（2006）对中国半导体产业的实证研究、藤原佑士与青山千代子（Fuji-wara，Aoyama，2010）对日本制造业集群的实证研究等，都证实区域和产业创新网络结构具有不同程度的"小世界"和"无标度"特征，即企业倾向与同质的成员进行信息交流，与拥有广泛联系的成员建立联系获取异质性资源。

其次是网络结构处在不断演化的状态下。创新网络结构是非静态的，随着创新个体知识技术储备、创新需求、联系偏好、风险承受能力和信息掌握程度的动态变化，个体间的联系及联系产出也随之不断变化，进而引起网络结构在局部和整体上的不断演化。而创新网络的健康状态依赖于同产业技术和市场环境不断地进行物质、能量和信息的交换，它必须是一个开放系统。当网络所嵌入的产业技术和市场环境发生重大转变时，如产业技术升级换代、新技术标准形成和流行等，网络原有的发展状态和演化轨迹也必然随之发生变化，表现为网络中竞争格局的重新洗牌和网络结构的巨变。

此外，创新网络中的正反馈机制也加剧了网络结构的动态复杂性。创新网络中存在正反馈机制，表现为：创新个体在开放式创新实践过程中的任何微小变化，其影响范围和作用效果会被逐级加速放大至更广泛的作用空间，从而引起网络中一系列改变，甚至诱发蝴蝶效应。一方面，通过正反馈机制，创新个体间的有效交流互动不仅能够促进知识信息等创新资源在创新网络中的流动和扩散，还能进一步提升个体彼此间的信任和适配程度，在增强网络创新能力的同时，推动创新网络的全面优化升级；另一方面，创新个体开放式创新实践过程中的"搭便车"等投机行为也会通过正反馈机制对创新网络造成巨大负面影响，严重破坏创新网络的稳定性。

3.2.2　企业开放式创新活动的适应性行为特征

在创新网络中，企业开放式创新实践活动表现出"自主性""主动性""交互性""应激性"等典型适应性行为特征。

（1）自主性。企业实施开放式创新战略是独立的，没有其他机构的干预和指导，完全是企业根据自身对其他竞争者、利益相关者以及创新环境的感知，所做出的自主决策。

（2）主动性。企业实施开放式创新战略是主动的。一方面，应用开放式创新模式是企业应对当前创新环境和创新趋势所做出的战略决策；另一方面，企业的预测机制——内部模型，对开放式创新战略所带来的预期收益有较为乐观的判断，这也是企业从事开放式创新实践的重要动力之一。

（3）交互性。开放式创新战略模式要求企业在技术创新过程中，开放自身的边界，积极拓展外部资源渠道。一方面，通过获取外部知识和创新资源，实现对内部创新能力的补充和提升；另一方面，将内部创新成果对外输出，实现创新成果的商业化价值。因此，开放式创新实践的本质是企业间以及企业与创新环境之间的物质信息交互过程。

（4）应激性。企业在从事开放式创新实践过程中，其行为应激性和行为自主性相互呼应。创新企业和组织拥有较为完整的感知和执行机制，可以较为迅速地对外部环境变化做出反应，这是企业做出开放式创新战略决策的重要前提。

3.2.3 创新网络的复杂适应系统属性

创新网络是典型的复杂适应系统，因此它也具有复杂适应系统的七大基本属性：聚集、非线性、流、多样性、标识、内部模型和积木块。创新网络的这七大属性具体表现如下：

（1）聚集。在创新网络发展的初期阶段，从网络之外涌入的少量科技型企业或网络中发展起来的创新个体陆续出现在网络所覆盖的区域范围，随后同行业企业或相关创新组织在自身利益的驱动下，逐步"黏合"形成一个多创新个体的聚合体，不断发展壮大，其适应力和竞争力持续提高，逐渐形成具有一定规模的创新网络。

（2）非线性。网络中创新个体间的相互作用是个体适应竞争规则和系统环境的表现，这种相互作用是非线性的，无法用简单的因果关系来描述。创新网络中的知识创造、知识扩散和信息共享等非线性作用对创新成本下降和创新效率提升的影响是不确定的，可能远大于线性结果预期，也可能收效甚微。这种创新个体间的非线性相互作用促成了创新网络整体竞争优势的涌现，进而推动区域经济发展。

（3）流。系统中的行为主体/个体——科技型企业、大学和科研机构，在开放式技术创新过程中相互交流与合作，进而形成创新网络，使知识、技术和信息等创新资源在个体间不断地往复循环创造、流动和扩散。这些创新资源"流"的畅通性、周转速度以及协调程度会直接影响创新个体对网络创新环境变化的适应能力和反应速度，关系到创新个体的生存和发展，进而影响网络整体的竞争优势。

（4）多样性。创新网络内部组织结构具有多样性，有核心企业或组织主导的星形结构组织形式、中小企业互助协作的等位结构组织形式、上下游链式结构系统组织形式等。此外，网络中创新个体的动态非线性相互作用会导致网络化演进过程中呈现出丰富多彩的结构特征。创新个体的多样性也是显而易见的，主要表现在"知识场"或"知识空间"中所处位置的差别化方面，以及位置差别化所对应的知识储备和知识需求的多样性，这种差别化和多样性提高了网络整体的适应性。

（5）标识。并不是任意两个创新个体都可以"黏合"在一起，只有那些具有一定知识相似性和互补性的创新个体才能聚集。反映在"创新场"中，则为个体间的距离应保持在适当范围内；相距过远则个体间差异过大，难以理解和吸收彼此的知识和创新资源，相距过近则没有多少新奇而有价值的知识和创新资源值得吸收（Mowery，Oxley，Silverman，1998）。这种创新资源相似性和互补性需要赋予一种可以辨认的形式，即是标识。不同的创新个体正是通过标识的相互选择作用而聚合在一起，形成（局部）创新网络。标识可以是有形的，如网络中创新个体共同围绕某项技术标准来开展开放式技术创新实践；也可以是无形的，如网络演化过程中所形成的惯例和经验等，具有广泛而持续的"暗"效应。

（6）内部模型。在创新网络中，每个创新个体都有预测产业技术发展和市场变化趋势的能力，并具有复杂的内部机制。对整个网络而言，这统称为内部模型。创新个体不同的预知机制和网络演化有着密切的关系。创新个体和各种精心策划的计划和个体间计划的协调性，是网络能够实现协同效应或者"涌现"现象的关键环节。

（7）积木块。当创新个体在网络"创新场"的位置改变，或当网络创新环境发生变化时，其所作的开放式创新行为决策往往是建立在过去的经验基础之上，实际上就是将相关的、经过检验的积木重新组合，调整行为和行为方式以取得满意结果。创新网络作为一个复杂适应系统，最根本的适应机制之一就是改善和重组自身的积木，其保持持续竞争优势的关键就在于如何寻找已检验过的优良积木。在多数情况下，当一种新的积木被发现时，通常就会带来一系列技术创新成果。

3.3　CAS 理论视角下的创新网络演化研究框架

本书从 CAS 理论视角出发，认为创新网络是一个由一群企业个体构成的，具有复杂适应系统特征的网络组织，其演化是由内部成员的开放式创新行为，即企业间、企业与网络环境间的知识信息和创新资源交互，所推动的"自下而上"的过程，并受网络创新环境的影响。因此，沿着"开放式创新行为—网络演化"逻辑，以及"创新环境影响"思路，本书搭建如图 3.1 所示的研究框架，总领后续章节的研究。

首先，根据该研究框架，本书选择主体/个体建模仿真方法为主要研究方法。主要原因有两点：首先，仿真方法可以模拟不同情况下的网络演化过程，在网络演化主题研究所侧重的"演绎性"和"预测性"方面有无可比拟的优势；其次，基于主体建模，其主旨是面向对象（object），覆盖对象属性（attributes）和方法/行为（method），紧密呼应了 CAS 理论的"个体适应性行为造就系统复杂性"核心原则。因此，本书应用主体建模仿真方法，还原和模拟不同创新环境下开放式创新行为驱动的创新网络演化过程。

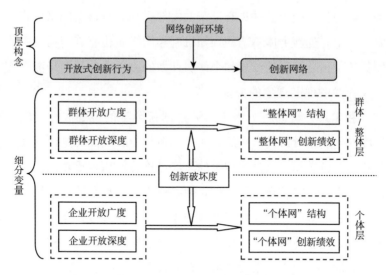

图 3.1　基于 CAS 理论的创新网络演化研究框架

其次，根据图 3.1 研究框架指引，开放式创新行为是创新网络演化的核心驱动力，是构建创新网络演化主体仿真模型的基础。明晰开放式创新行为的全过程特征表现，是开展创新网络主体建模仿真研究的前提。然而，现阶段的开放式创新相关文献大多从战略角度展开研究，即用一个特定的构念来描述开放式创新战略，或偏重对开放式创新实践过程中的单一行为环节的分析，缺乏对开放式创新行为全过程展开深入分析。因此在接下来的第 4 章研究中，有必要利用案例研究"从无到有"的优势，对企业开放式创新行为开展深入研究，识别开放式创新行为的主要行为环节，以及个体行为环节中的关键影响因素，进而形成覆盖行为全过程的开放式创新行为表现架构。在此基础上，进一步讨论开放式创新行为驱动的创新网络演化机制，为创新网络演化仿真模型的建立提供理论依据。

最后，创新网络演化是企业开放式创新行为作用的结果，并受网络创新环境的制约。其中，企业群体开放式创新行为，即"行为合力"，主导"整体网"演化轨迹；而个体企业开放式创新行为，即"行为分力"，主导企业"个体网"演化轨迹。因此，在第 5 章和第 6 章研究中，本书应用主体建模仿真方法，分别探讨创新网络"整体网"和"个体网"演化规律。在第5章"整体网"演化研究中，关注在不同创新环境下，企业群体开放式创新行为对创新网络整体发展趋势的影响，包括群体开放式创新行为对"整体网"结构和创新绩效的影响。在第6章"个体网"演化研究中，关注在不同创新环境下，企业个体开放式创新行为对"个体网"结构和创新绩效的影响。

特别地，本书第5章和第6章的仿真研究中，借鉴实证研究的变量区分结构。结合当前开放式创新研究中学者们普遍应用开放度描述企业开放式创新实践这一现状，以及开放式创新作用效果的"环境依赖"共识，本书将开放式创新行为的开放度特征视为"自变量"；将影响开放式创新行为的其他关键因素视为"控制变量"或"常系数"；本书聚焦创新网络的创新破坏度特征，并将其视为"调节变量"。"因变量"则是创新网络结构和网络创新绩效。因此，在分析"整体网"和"个体网"演化仿真实验结果时，重点考察开放度对创新网络结构和绩效的影响，以及创新破坏度对"开放度—网络结构"和"开放度—网络创新绩效"关系的调节效应。

此外，在"自变量"量化方面，本书应用劳尔森和萨尔特（Laursen，Salter，2006）的"宽度—深度"二维概念定义来描述开放度。这意味着，在对开放式创新行为的探索式案例研究中，需厘清宽度和深度分别在哪些行为环节中起到关键影响作用。本书的"自变量"搜索宽度和深度相关数据是在仿真实验执行之前由人为控制输入或计算机随机生成的。

在"因变量"网络创新绩效量化方面，本书参考乔尔·鲍姆等（Baum，Cowan，Jonard，2010，2014）的研究，用企业在知识空间中的位移改变量来衡量网络创新绩效。在"因变量"创新网络结构量化方面，本书应用社会网络和复杂网络关于"整体网"和"个体网"相关结构指标来评价创新网络结构（详见第5章和第6章）。本书的"因变量"网络结构和网络创新绩效相关数据，是在仿真实验运行过程中，模型依照网络演化机制——开放式创新行为规则，自动生成的。

在"调节变量"网络创新环境量化方面，本书聚焦创新网络的创新破坏度（disruptivness）环境特征。创新破坏度反映了创新网络所处产业中任意技术创新对该产业潜在的颠覆性。它体现了产业创新的技术性特征（即激进式创新对比渐进式创新）和生产性特征（即产品创新和过程创新）（Danneels，2004；Govindarajan，Kopalle，2006），在一定程度上映射了产业当前所处的生命周期阶段（Govindarajan，Kopalle，2006；Peltoniemi，2009）。而产业的生命周期阶段特征是政府创新政策设计和企业创新战略制定过程中，各级决策者们所共同关心的重要产业环境特征指标（Agarwal，Gort，1996；Klepper，1997；Tavassoli，2015）。本书用介于 0~1 区间的一维"创新破坏度指数"衡量创新网络的创新破坏度。通常情况下，创新破坏度指数越小，网络的创新破坏度就越低，产业步入成熟阶段的可能性也就越大；反之，产业处于初期的涌现阶段的可能性越大。本书的"调节变量"创新破坏度相关数据是在仿真实验执行之前由人为控制输入所产生的。

3.4　本章小结

本章从复杂适应系统（CAS）理论视角出发，提出创新网络演化研究框架。本章首先对复杂适应系统的属性、个体适应性行为和系统演化过程进行论述；随后阐述了创新网络的复杂适应系统特征；最后应用 CAS 理论，提出本书的研究框架。

第4章

CAS 视角下的创新网络演化机制

在 CAS 理论视角下，创新网络演化是由企业开放式创新行为，具体表现为企业间、企业与创新环境间的知识、信息及各种创新资源的物质交互，所推动的"自下而上"的过程。因此，理解和掌握创新网络演化的核心驱动力"企业开放式创新行为"全过程特征表现，是研究创新网络演化机制的前提。

本章研究包括两大内容。一是对开放式创新行为的全过程特征表现以及各个行为环节的关键影响因素，进行探索式案例研究。二是在明晰开放式创新行为全过程表现的前提下，基于 CAS 理论视角，剖析开放式创新行为驱动的创新网络演化机制，为第 5 章和第 6 章"整体网"与"个体网"演化仿真研究的仿真模型的建立提供建模依据。

4.1 开放式创新行为：大机车
HX3 开发的案例分析

理解企业开放式创新实践活动实施的全过程，识别各行为环节的关键影响因素，明晰开放式创新行为在各行为环节的具体表现形式，是挖掘开放式创新行为驱动的创新网络演化规律的前提。

4.1.1 案例分析逻辑

目前，与开放式创新行为研究有关的文献主要有两部分。一部分是开放式创新研究领域中关于企业外部知识搜索战略的研究，另一部分则是社会网络和复杂网络研究领域中关于企业合作伙伴选择偏好的研究。通过对这两部分文献的梳理（见 2.3.1 节和 2.3.2 节）可以观察到，目前针对外部知识搜索行为全过程开展系统化研究的文献还较为稀缺，相关研究只聚焦行为过程中的某个或几个特定行为环节。

对知识搜索战略相关研究梳理的结果表明，外部知识搜索战略研究涉及企业外部知识搜索行为的两端行为环节。首先是受搜索宽度影响的前端"搜索范围划分"环节，在此环节中企业要决定在何处开展多大范围的搜索，并确定候选知识源对象集合。其次是受搜索深度影响的后端"联系形成"环节，在此环节中企业要确立与合作伙伴的合作性质和合作强度。

合作伙伴选择偏好相关研究的梳理结果表明，除了外部知识搜索战略所涉及的行为环节，还存在一个中间的"合作伙伴选择"行为环节。由于资源和资金的有限性，企业必须要从诸多候选知识源中"择优"选择战略合作对象。而"择优"有明显的网络导向偏好性。

本节聚焦特定类型的开放式创新行为——外部创新搜索，提炼覆盖行为全过程的开放式创新行为表现架构。首先，在对国内外知识搜索战略和合作伙伴选择偏好相关研究的基础上，形成"搜索范围划分—合作伙伴选择—联系形成"的分析逻辑。随后，应用该逻辑，对中车集团大连机车车辆有限公司（以下简称"大机车"）HX3 系列电力机车开发项目开展探索性嵌入式案例研究，以技术入门、技术积累和技术掌握三个阶段的外部知识搜索战略实践为分析单元，综合采用本书内容分析和典型事件分析，识别不同时期的大机车外部知识搜索各行为环节的关键影响因素，分析这些因素对大机车外部知识搜索行为特征和表现形式的作用效果。最后，形成覆盖行为全过程的科技型企业开放式创新行为表现架构。

4.1.2　案例研究设计

4.1.2.1　案例研究方法

本书应用纵贯式探索性单案例研究方法，基于外部知识搜索过程视角，对不同技术创新阶段的开放式创新行为进行研究。选择该研究方法的原因主要有三点：

首先，本书要解决的问题"对开放式创新各行为环节中的关键影响因素进行全面识别，分析它们对开放式创新行为特征和表现形式的影响，进而形成覆盖行为全过程的开放式创新行为表现分析架构"，属于回答"what/how"问题的范畴，适合采用案例研究方法（Yin，2017）。

其次，现有文献缺乏针对开放式创新行为全过程的深入研究与讨论，本书仍属于探索性研究的范畴，需要遵循探索性研究范式开展研究。

最后，单案例研究有助于提取复杂事物的特征与规律、捕捉和追踪管理实践中涌现出来的新问题和现象（Eisenhardt，Graebner，2007）。纵贯式的单案例研究有助于更加全面地了解案例历史信息，保证案例信息的完整性以及案例研究的深度，同时可以确认关键事件发生的次序，有利于识别因果关系，提高内部效度。

4.1.2.2　案例对象选取

本书遵循"理论抽样"原则，选择大机车为案例研究对象，主要出于以下三点原因：

（1）企业典型性。一方面，机车设计与制造业是多头竞争格局的技术密集型产业，成员企业均属于科技型企业，有实施开放式创新战略的客观压力。另一方面，作为国内机车设计与制造的龙头之一，大机车有着辉煌的技术创新历史，其坚定不移地贯彻"技术立厂"宗旨，对实施开放式创新战略有较强的主观意愿和行为动力。

（2）内容适配性。大机车自20世纪80年代以来，就开始从事开放式创新实践——广泛地与国内外领先公司合作，吸收它们在机车设计与制造方面的先进知识技术和理念，又经历了全国铁路列车的六次大提速、国内外机车设计与制造产业激烈化竞争阶段。在科技水平飞速发展的今天，大机车始终紧跟国际巨头步伐、保持国内领先水平，离不开领导团队所制定的正确开放式创新战略的引领。

（3）数据可获得性。笔者所在的研究团队，从2013年开始就对大机车进行观察、调研和研究，在长期的合作中，研究团队与大机车中高层管理团队形成了良好的协作关系，为收集研究所需的数据与素材提供了极大的便利。

4.1.2.3 构念测度

根据现有对搜索范围、合作伙伴和网络联系测度和评价方式的相关研究文献，本书根据国境边界来判定搜索范围，依照熟悉程度来分类合作伙伴，应用联系强度来评价企业间合作关系。其中，熟悉度用5级李克特量表测度；联系强度用互动频次和交流时间两个指标测度（Granovetter，1983）。

4.1.2.4 数据收集

丰富的数据来源有助于对研究对象和研究问题的多角度描述，多种来源的数据通过"三角验证"，能够保证案例研究的信度和效度（Herstad et al, 2010）。本案例数据的搜集主要在2014年9月至2017年8月间完成，涵盖一手和二手资料。其中，一手资料获取方式包括半结构化访谈、非正式访谈和研究团队观察记录，研究团队先后于2014年9月和12月、2015年4月和6月、2016年5月、2017年4月进行六次实地调研及访谈。二手资料搜集包括企业年鉴、机车行业年鉴报告、会议记录、领导讲话记录和新闻报道，共计 61 份文件资料。研究团队对二手资料的搜集穿插于调研过程中。不同来源案例信息的交叉验证，避免了共同方法偏差。在具体分析中，本书以一手数据文本作为主要案例信息，其他来源的二手案例信息作为验证和补充，同时启发研究者索引和核实关键数据。

4.1.3　案例分析对象背景信息：大机车发展历史简介①

大机车始建于 1899 年，是我国机车制造行业的龙头企业之一，其机车产品数十年雄踞国内市场半壁江山，远销二十多个国家，被誉为"机车摇篮"。改革开放以来，大机车主要经历了两个发展阶段。

内燃机车产品时代（1980～2000 年）。大机车以"技术立厂"为理念，坚持"滚动开发、质量取胜"的方针，实行"人无我有、人有我新、人新我转"的经营策略，在"自我淘汰"中不断创新。由改革开放前的 10 年开发一代新产品，发展到 9 年开发成功 3 代 9 种新产品，相继开发成功"东风 4B""东风 4C""东风 5"等系列机车。其中，"东风 4B"型内燃机车在国内同类产品中唯一荣获国优金奖，并被国家指定为替代进口产品，结束了我国大批进口机车的历史。1997 年，中国铁路的大提速，公司研制成功的"东风 4D"型客运机车大批投放到铁路市场，成为我国铁路前 5 次客运大提速的主力机型，为中国铁路大提速做出突出贡献。

电力机车和城市轨道车辆时代（2000 年至今）。2000 年以来，公司在保持内燃机车产品传统优势的基础上，调整产品结构，进军电力机车和城市轨道车辆制造研发制造领域。为快速掌握电力机车产品技术，大机车向兄弟企业——株洲电力机车有限公司（以下简称"株洲厂"）取经，通过

---

① 本书关于大连机车厂的介绍根据 1993～2013 年的《中国北车集团大连机车车辆有限公司年鉴》整理。

图纸学习、专人讲解、外派学习等方法，成功掌握了其核心产品"韶山4"电力机车产品的各项关键技术。随后，大机车独立开发的"韶山4改""韶山7E""韶山3B"的相继问世，标志着大机车正式获得电力机车设计制造能力与资格。2004年，随着中央政府确立铁路中长期发展战略——"高速重载、跨越式发展"，大机车进入了全新的高层次平台发展阶段，即全面投入HX3系列高速重载货运电力机车的开发任务中。公司与美国EMD和日本东芝联合研制的"HXN3""HXD3"系列（"HXD3B""HXD3C""HXD3D"），是我国铁路第6次货运大提速的主力机型。2011年，"HXD3"型大功率交流传动电力机车，荣膺国家科技进步奖一等奖，填补了国家最高科技奖项在机车整机产品领域的空白。

4.1.4　案例分析：大机车 HX3 开发的开放式创新行为模式

大机车的产品创新模式是"以我为主"的合作创新模式，开放式创新色彩主要体现在产品开发过程的中间研发环节——全球范围内吸收和整合一切可用的创意、创新资源和技术人才，以缩小与发达国家领先企业的技术差距；而两端环节，即设计环节和制造环节则相对封闭。因为，一方面，铁路在国家安全和国民经济发展中占据特殊重要地位，铁道部坚持"设计安全、机车自造"方针；另一方面，与大机车长期积淀和形成的企业文化和创新理念有关——"技术立厂""以我为主、合作研发"。

大机车在2000年底开始对大功率交流传动电力货运机车（HX3系列的雏形）进行研究。当时我国铁路普遍缺乏大功率电力货运机车，严重制约了铁路运输能力，无法适应国家经济发展要求。但当时国内大功率电力货运机车的开发面临巨大的技术阻力：国内机车制造企业的大功率电力机车开发经验几乎是零，在主辅二重电机、逆变器中的IGBT模块、径向转向架和32位微机控制系统等核心部件的关键技术储备方面几乎空白。而大机车面临的挑战更为严峻：2000年初企业才从内燃机车领域进军电力机车领域，在电力机车开发方面的技术储备和设计制造经验刚开始积累，明显落后于拥有悠久电力机车设计制造历史的株洲机车车辆制造有限公司和株洲机车研究所等兄弟企业。在这种背景下，大机车的领导团队果断做出"向外借头脑"的合作研发战略决策。

大机车 HX3 开发历程可归纳为三个阶段：技术入门期（2000～2002年）、技术积累期（2002～2006年）和技术掌握期（2006年至今）。在不同的阶段，大机车的合作研发行为（内向型开放式创新行为）也有所不同。

4.1.4.1　技术入门阶段的合作研发行为特征

表 4.1 展示了 HX3 技术入门阶段大机车合作研发行为特征。在这个阶段，由于刚刚调整了发展经营战略——从"以内燃机车为主"转变为"以电力机车为中心，内燃机车、城轨车辆混合发展"，大机车对电力机车领域相关技术还相对陌生，相关知识储备也较为薄弱。此时，实现企业进军电力机车领域的第一步——"快速入门"，是大机车"向外借头脑"（即内向型开放式创新）的首要目标。

1. 搜索范围划分

大机车领导团队认为，"向外借头脑"不能脱离企业发展的现实情况。首先，外援知识最好能够与大机车所积累的丰富的内燃机车相关知识储备匹配，即知识互补性的约束。这样可以以现有内燃机车知识技术为基础和缓冲，既降低了电力机车知识技术的学习难度，也同时降低了学习的时间与成本，一举两得。

其次，"向外借头脑"，这个"外部"必须是大机车能够接触到，并能融入其中的，即搜索宽度（半径）的约束。无法触及的外部创新源，对大机车没有任何实际意义；而不能融入其中的外部创新环境，无法使大机车获得实质性必要知识技术。经过反复研讨，管理团队，最终将目光放在国内，决定优先与国内从事电力机车设计制造的兄弟企业合作，以获取与大机车"东风"内燃机车知识技术存在一定相似互补性的"韶山"电力机车知识技术。

表4.1　　　　　　　大机车HX3技术入门段的合作研发行为特征

搜索范围划分	合作伙伴选择	联系形成
搜索范围：国内 候选合作对象筛选条件：能够提供"韶山"系列电力机车产品全部技术的兄弟企业，如株洲厂、株洲机车研究所等 关键决定因素：（1）知识互补性。与"高速重载"的大功率电力机车相比，"韶山"型普通电力机车的产品技术与大机车当时所掌握的"东风"内燃机车产品技术存在一定的相似性，消化吸收相对容易，能够帮助大机车在短期内快速进入电力机车领域。（2）搜索宽度。大机车的搜索半径扫描可以覆盖国内整个机车制造业	合作对象：株洲厂 合作伙伴选择偏好：信息优势 关键决定因素：网络位置。株洲厂是国内电力机车设计制造的领军主导企业，处在产业网络的核心控制地位，掌握着"韶山"型普通电力机车产品的知识流动。与株洲厂合作，大机车可以学习到普通型电力机车全部关键核心技术	合作形式：技术移植，包括图纸输送、专家讲坛、技术人员培训等 合作强度：强 关键决定因素：（1）搜索深度。大机车具有较强的深度搜索意愿和能力，建立"强联系"有利于其深入挖掘株洲厂"韶山"型机车的核心关键知识，尤其是"隐性"的关键知识。（2）吸收能力。大机车具有较强的知识吸收能力，建立"强联系"有利于其在短期内消化吸收"韶山"型机车的核心关键知识，进而实现"快速入门"

2. 合作伙伴选择

此阶段大机车国内"向外借头脑"策略的候选合作对象主要有：株洲厂、株洲机车研究所、中车青岛四方机车车辆股份有限公司（以下简称"四方厂"）、中车长江车辆有限公司（以下简称"长江厂"）和中车成都机车车辆有限公司（以下简称"成都厂"）等。

大机车从这些候选对象中进行选择时，主要参考的是它们在国内电力机车产业网络中的位置情况，即网络位置导向，不同的网络位置反映了候选对象的知识储备丰富程度和技术能力高低。为了最大化地获得"韶山"型电力机车的全部关键知识和技术，大机车表现出"信息优势"的合作伙伴选择偏好，果断选择株洲厂。因为株洲厂占据着国内电力机车产业网络的"中间人"控制位置：国内最早从事电力机车开发的企业，开发经验丰富，知识储备最大，技术能力最强，发起和主导"韶山"型机车每次的重大升级改造。与株洲厂成为合作伙伴，有利于大机车在短期内获得国内电力机车主体知识和掌握关键核心技术。

3. 联系形成

大机车与株洲厂建立了以"技术移植"为核心目标的强战略合作关系，具体形式包括：（1）图纸输送。株洲厂向大机车提供各代"韶山"型机车的设计图纸，并提供详细的说明手册。（2）专家讲坛。株洲厂派遣专家和技术骨干，在大机车开设技术讨论会，讲解各知识要点和技术惯例。（3）技术人员培训。株洲厂为大机车团队提供"韶山"机车知识要点和技术体系的系统化人员培训。

大机车与株洲厂建立强合作关系，主要出于两点考虑。一是知识搜索深度。大机车经过长期发展，积累了与"韶山"知识体系存在一定相似性的丰富的"东风"内燃机车知识，大机车能够在现有知识储备的基础上，在新知识域中进行深入挖掘，而强联系有利于大机车深度搜索能力的发挥。二是吸收能力。大机车长期重视技术积累和知识学习，具有极强的知识吸收能力，强联系有利于大机车快速吸收和消化"新"知识技术。

4.1.4.2 技术积累阶段的合作研发行为特征

表4.2展示了HX3机车技术积累阶段大机车合作研发行为特征。在这个阶段，大机车刚完成对普通电力机车设计制造相关知识技术的掌握，具备了研究"高速重载"大功率电力机车的基本技术条件。此时，实现企业进军电力机车领域的第二步——大功率电力机车基础知识技术的积累，是大机车"向外借头脑"的首要目标。

1. 搜索范围划分

大机车领导团队清晰地认识到，在大机车已经完全掌握"韶山"型电力机车核心知识和关键技术的前提下，企业"向外借头脑"必须要走出国门，学习借欧美技术之"长"，补自身知识储备之"短"。

表 4.2　　　　　　　大机车 HX3 技术积累阶段的合作研发行为特征

搜索范围划分	合作伙伴选择	联系形成
搜索范围：国际 候选合作对象筛选条件：能够提供"高速重载"大功率电力机车基础设计制造技术，并提供整车和核心部件产品 关键决定因素：（1）知识互补性。经过前一个阶段的技术学习，大机车完成了电力机车设计制造入门技术的积累，并完全掌握"韶山"型机车全部的技术要点。此时，国内兄弟企业已经无法再给大机车提供更多更深层的电力机车相关知识技术，必须要把目光投向国际。（2）搜索宽度。在铁道部的牵线搭桥下，大机车提升了搜索宽度，有更多的机会和渠道接触欧美先进电力机车企业	合作对象：日本东芝、美国 EMD 合作伙伴选择偏好："接近/邻近" 关键决定因素：网络位置。大机车的技术积累还相对薄弱，直接与国际巨头合作并非明智之举。日本东芝公司虽然不直接生产机车，处在国际机车网络的中间层位置，但它与网络核心节点—国际知名的高速电力机车企业长期紧密相连，为他们提供核心部件和部件技术。与东芝合作有利于大机车快速融入国际电力机车的产业网络，并了解产业技术发展态势。而选择中等技术水平的EMD 公司则是为了获得其整车产品和设计图纸，以便于模仿学习	合作形式：整车购买、合资 合作强度：中等 关键决定因素：（1）吸收能力。通过前一个阶段的入门学习，以及对 EMD 机车整车拆解和图纸还原测绘，大机车能够深刻理解大功率高速重载的新型电力机车的基础知识技术，但仍无法消化核心关键知识技术，建立维持高成本的强联系并不明智。（2）搜索深度。一方面，受限于自身知识储备，大机车难以深入挖掘东芝知识库；另一方面，大机车与东芝彼此是相对陌生合作伙伴，合作关系还在不断磨合和试探中，维持中等合作强度有利于双方增强了解，且耗费成本较小

这个决策也是由知识互补性和企业搜索宽度所决定的。一方面，"韶山4改""韶山7E""韶山3B"的相继问世，标志着大机车已经获得国内"韶山"机车的各项知识，并完全掌握"韶山"机车开发的各项技术。国内企业无法再提供大机车新知识技术，大机车必须将目光转向更广阔的范围。另一方面，受益于"高速重载，跨越式发展"的铁路运输发展指导方针，大机车在铁道部牵头搭线下，有了更多的机会和平台与欧美机车业巨头接触互动，即大机车的搜索宽度提升，可以展开国际远程搜索。

2. 合作伙伴选择

此阶段，可供大机车参考的合作对象主要有两类。一类是从事先进电力机车设计企业，包括日本川崎、韩国现代、加拿大庞巴迪、美国 EMD、法国阿尔斯通、德国西门子、西班牙 CAF；另一类是为机车企业提供核心部件、关键技术以及技术咨询服务的技术供应商，包括日本东芝、日本三菱、英国里卡多、英国劳斯莱斯、美国通用电气等。

大机车从这些候选对象中进行选择时，同前期的技术入门阶段一样，主要从网络位置导向出发，选择合作伙伴。但与前期不同的是，大机车在这个阶段是依照"接近"偏好选择合作伙伴的，即选择那些虽然不在国际机车产业网络核心位置，但却与核心巨头企业密切联系的网络"近点"。这样的好处是，既能以相对低廉的成本获得所需的基础知识储备，又能凭借"近点"快速嵌入和融入国际机车产业网络。因此，国际机车企业的中间序列——美国 EMD、韩国现代、西班牙 CAF，以及技术供应商日本东芝、英国里卡多、美国通用电气等，是大机车优先考虑对象。出于语言的限制，大机车选择美国 EMD 为合作伙伴；出于地理邻近性和技术水平的影响，大机车选择日本东芝为合作伙伴。

3. 联系形成

大机车与美国 EMD 和日本东芝建立了中等强度的合作关系，具体形式包括：（1）整车引进，大机车引进 EMD 整车产品拆解学习，但 EMD 不提供全部设计图纸；（2）技术咨询，EMD 和东芝为大机车提供大功率电力机车非核心技术咨询服务；（3）成立合资公司，大机车与东芝成立合资公司，大机车控股51%，东芝负责为大机车提逆变器、微机控制系统部件等核心部件。

大机车选择建立和维持中等强度的合作关系也是出于两点考虑。一是知识搜索深度。经过"入门期"的发展，大机车积累了"韶山"电力机车的相关知识技术，大机车已经能够在现有知识储备的基础上，在大功率电力机车知识域中挖掘相关基础知识，但还不具备深度挖掘核心知识的能力，此时建立强联系会产生深度搜索能力的真空，造成巨大的时间与资金浪费。二是吸收能力，对刚完成电力机车入门知识积累的大企业而言，很难消化大功率电力机车的核心知识技术，因此也没必要建立和维持强联系，中等强度就可以满足企业需求。

历经四年，HX3 型的样车 SSJ3 于 2005 年底成功投产，标志着大机车对大功率电力机车设计制造的基础知识技术的完全掌握，企业已经具备自主开发 HX3 基本技术条件。

4.1.4.3　技术掌握阶段的合作研发行为特征

表 4.3 展示了 HX3 技术掌握阶段大机车合作研发行为特征。在这个阶段，大机车已经完成对大功率电力机车设计制造相关基础知识技术的积累和掌握，具备了"自主开发"大功率电力机车的基本技术条件。此时，实现企业进军电力机车领域的第三步——大功率电力机车基础知识技术的获取，是大机车"向外借头脑"的首要目标。

表 4.3　　　　　大机车 HX3 技术掌握阶段的合作研发行为特征

搜索范围划分	合作伙伴选择	联系形成
搜索范围：国际 候选合作对象筛选条件：能够提供大功率交流传动货运电力机车关键部件技术，并同意技术转让 关键决定因素：（1）知识互补性。经过前一阶段的发展，大机车完成了大功率电力机车基础知识技术的积累。此时，为了实现"自主开发 HX3 型"的终极目标，大机车对合作伙伴提出了新的要求，必须能够提供和转让核心知识技术。（2）搜索宽度。与东芝和EMD 的合作，使大机车积累了丰富的国际合作交流经验，大幅提升了其搜索宽度。大机车有能力将更多巨头企业和强势技术公司纳入搜索范围之中	合作对象：日本东芝、加拿大庞巴迪、德国西门子 合作伙伴选择偏好："熟人""信息优势" 关键决定因素：（1）网络联系。经过前期的合作，大机车与东芝对彼此有良好印象。而且东芝能够为大机车提供大功率电力机车的核心知识和关键技术，并同意转让。所以大机车决定继续选择"老熟人"东芝为合作伙伴，省去了大量"沟通成本"。（2）网络位置。大机车不满足于学习日系技术，而且希望了解欧美技术，以博采众长，进而形成自己的知识体系和技术理念。庞巴迪和德国西门子是欧美机车业的翘楚，是产业网络中的"中间人"，具有完善的技术体系和丰富的知识储备。与这二者建立合作关系，大机车可以实现全面接触欧美技术的目标	合作形式：战略联盟、合作研发 合作强度：强 关键决定因素：（1）搜索深度。通过前一阶段的大功率电力机车基础知识技术的积累，大机车具备了深入挖掘核心知识的能力，而强联系有利于其深度搜索能力的发挥。（2）吸收能力。在掌握大功率电力机车基础知识技术的前提下，大机车具备消化吸收核心知识技术的能力，而强联系有利于大机车充分吸收合作伙伴的核心知识和关键技术

1. 搜索范围划分

此阶段，大机车对合作伙伴的要求是：必须能够提供核心部件开发中的核心知识和关键技术，并且同意技术转让。另外，大机车反对照搬单一发达国家技术，坚持"博采众长"，形成自己的知识体系和技术风格。因此，日本、欧美的机车巨头和核心技术供应商，都在大机车的考虑之内。这是由知识互补性和企业搜索宽度所决定的。

首先是知识互补性影响。SSJ3样车的成功投产，标志着大机车完全掌握大功率电力机车基础知识技术，并形成了完善的整车制造体系和制造能力，已具备"自主研发"韶山3型机车的基本技术条件。大机车亟须引入核心知识和关键技术，扩展其知识域，以实现"自主研发"的终极目标。

其次是知识搜索宽度影响。除了继续受益于"高速重载、跨越发展"指导方针，大机车在前期与东芝和EMD公司的合作中，积累了丰富的国际交流合作经验，其宽度搜索能力明显提升。大机车有能力将更多的国际机车巨头和技术强势企业纳入合作伙伴的搜索范围之中。

2. 合作伙伴选择

此阶段，可供大机车参考的合作对象主要有两类。一类是日本和欧美机车巨头，包括日本川崎、日本日立、加拿大庞巴迪、法国阿尔斯通、德国西门子；另一类是为巨头公司提供核心部件与技术的供应商，包括日本东芝、日本三菱、英国劳斯莱斯、美国通用电气等。大机车从这些候选对象中进行选择时，同时受到网络联系和网络位置导向的影响。

首先是网络联系导向影响的"熟人"偏好。在积累了较为丰富的国际交流合作经验之后，大机车在进行新一轮合作伙伴筛选时，优先考虑前期合作伙伴。而"老熟人"东芝满足大机车此时机对合作伙伴的各项要求，即掌握着大功率电力机车核心部件的关键知识技术，如逆变器IGBT模块单元设计制造技术、微机控制系统技术和大功率交流传动电机等，并同意有偿转让这些核心知识技术。大机车果断选择与东芝继续保持并强化合作关系，省去了大量沟通成本。

其次是网络位置导向影响的"信息优势"偏好。大机车致力于在大功率电力机车领域形成自己风格的技术体系，打造具有中国特色的HX3型系列电力机车。为此，大机车不满足于通过东芝公司学习日系技术，还希望了解北美和欧洲的先进机车知识技术，以"博采众长"。而加拿大庞巴迪和德国西门子是北美和欧洲机车产业网络的核心，其各自的主打车型zefiro 动车组和 ICE 系列分别代表了两大网络最先进的技术发展水平。大机车与这两者建立合作关系可以获得间接"信息优势"，从而在短期内全面接触北美和欧洲的先进机车知识技术。

3. 联系形成

大机车与日本东芝、加拿大庞巴迪和德国西门子建立了强合作关系，具体形式包括：（1）战略联盟。大机车与东芝在合作公司内部成立研究所，联合研发升级版 HX3（HXD3）的核心部件——9600 瓦交流传动装置，东芝方还向大机车外派专家和技术骨干帮助大机车提升技术水平。（2）合作研发。大机车与西门子和庞巴迪签署合作研发协议，西门子通过图纸输出、手册提供、专家讲解等形式向大机车提供交流电机技术，庞巴迪则向大机车提供核心部件单元 IGBT 模块的部分设计知识和制造技术。

大机车与东芝、庞巴迪和西门子建立和维持强合作关系，主要出于两点考虑。一是知识搜索深度。经过前一个阶段的发展，大机车已完成大功率电力机车基础知识技术的积累，能够且应该在该领域进行更深层次的知识搜索，以最终掌握核心关键知识技术。而强联系有利于企业深度搜索的展开。二是吸收能力。对已经掌握大功率电力机车基础知识技术的大机车而言，消化吸收该领域的核心知识，是实现"自主研发" HX3 的必经之路。相较于基础知识技术，核心知识技术学习难度大，大机车必须与合作伙伴保持频繁的交流互动，即强关系，才能确保核心知识技术的学习效果。

历经六年，升级版 HX3—HXD3 系列（"HXD3B""HXD3C""HXD3D"）于 2010 年底全部成功投产，陆续成为我国铁路第 6 次货运大提速的主力机型。2011 年，HXD3 系列型大功率交流传动电力机车，荣膺国家科技进步奖一等奖，填补了国家最高科技奖项在机车整机产品领域的空白。此时，大机车已经正式迈出"完全掌握大功率电力机车核心知识和关键技术"的第一步。

4.1.5　案例分析评述

通过对大机车 HX3 电力机车开发的合作创新实践活动的探索性案例研究，可以归纳和抽象出基于外部知识搜索过程的科技型企业开放式创新行为表现架构，如图 4.1 所示。

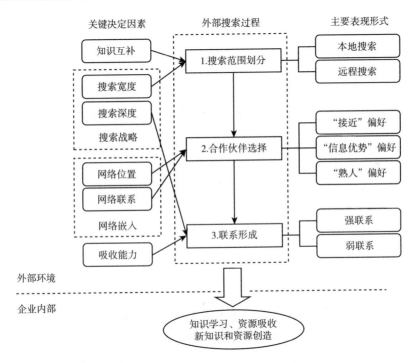

图 4.1　基于外部搜索过程的开放式创新行为表现架构

（1）搜索范围划分环节。首先，搜索宽度影响搜索范围。企业的搜索宽度越大，其搜索半径距离越长，能够接触到的更多知识源，使候选对象集合的规模增加，为企业外部搜索提供更多选择。其次，搜索范围还受知识互补性原则制约。知识互补性原则要求候选知识源与搜索企业的知识技术既不能高度相似，也不能相差过大。高度相似则失去了联系建立的必要性，而相差过大则不利于双方交流互动。与搜索宽度的影响相反，知识互补性会削减候选对象规模，即缩小搜索范围，使外部搜索更明确、更有效率。

（2）合作伙伴选择环节。与知识源建立联系是耗费成本的，企业不可能与搜索范围之中的所有"候选对象"（候选知识源）建立联系。为了获得目标知识，解决创新障碍，企业应根据特定的规则与自身偏好，选择主观上"最佳"合作伙伴（知识源）建立联系。企业合作伙伴选择具有明显的"网络导向"，包括"网络位置导向"和"网络联系导向"偏好，主要包括"接近""间接信息优势""熟人"三种。

（3）合作关系形成环节。企业需要与合作知识源保持一定的亲密程度。过弱的伙伴关系不利于知识获取和吸收；而过强的伙伴关系在耗费大量社交成本的同时，企业还要投入大量时间精力在过量知识中进行筛选和取舍，从而干扰企业的创新思路。反映企业能够接触和挖掘外部知识深浅程度的搜索深度是影响企业间关系强度的重要因素，通常情况下，搜索深度越大，企业越倾向于建立强联系，以充分发挥外部知识搜索的潜能，增加接触高层次核心知识的可能性。此外，企业间联系形成（强度）还受到吸收能力的制约。对非核心且易吸收的基础知识技术，企业倾向于建立和维持成本相对低廉的中等强度合作关系；而核心且难消化吸收的关键知识技术，企业倾向于建立和维持强联系，以确保知识学习成效。另外，有缩短知识消化吸收周期诉求的企业也倾向于建立和维持强联系。

4.2　开放式创新行为驱动的创新网络演化机制

本节结合 4.1 节基于外部搜索过程的内向型开放式创新行为表现架构，基于 CAS 理论视角，分析开放式创新行为驱动的创新网络演化机制，为第 5 章和第 6 章"整体网"与"个体网"演化仿真研究提供建模依据。

为了更好地分析开放式创新行为驱动的创新网络演化机制，本书引入"创新场"概念。本书认为，创新网络是由分布在特定"创新场"中的众多具有共性和互补性的创新企业和机构联结在一起的具有复杂适应系统特征的网络组织。网络中的创新企业和组织机构都是拥有"自我意识"和"自主选择能力"的"活"的行为个体/主体，能够根据网络环境的变化自发调整自身行为和内部功能结构。网络的发展演化受网络创新环境的影响，由企业开放式创新实践活动——企业间相互作用以及企业与环境的物质信息交互所推动，直接表现为网络结构的变化和网络联系中传递的系统场中物质信息"流"的持续非均衡涌现。具体地，企业群体的开放式创新行为"合力"控制"整体网"结构演化和系统全局"流"的生成；个体企业开放式创新行为"分力"，则影响企业"个体网"结构调整和系统局部"流"的产生。

特别地，在创新网络中，存在多种类型的关系网络和物质信息流。出于对创新网络"技术创新孕育"这一核心主旨的把握，本书借鉴鲍姆等（Baum et al，2010）的研究成果，将"整体网"和"个体网"限定为"以知识传播和创造为目的的知识创新网络"；将系统"创新场"和依托网络传导的场中各种物质信息流简化为"知识空间"（knowledge space，KS）和"知识流"；而创新个体的外部搜索则特指为"外部知识搜索"。

4.2.1　知识空间与创新事件抽象

4.2.1.1　知识空间、个体知识位置与个体间知识距离

创新网络内含一个抽象的 m（$m \geq 2$）维知识空间 V。每个创新个体在 V 中都有其自身的位置。个体的知识位置反映了其不同维度的知识储备情况，可以用 m 维向量表示，记为

$$v_i = (v_{i-1}, v_{i-2}, \cdots, v_{i-m}); i = 1, 2, \cdots, n \qquad (4-1)$$

其中，序号 i 表示创新个体在系统中的身份信息，具有唯一性；n 是网络成员个体的总数，也是个体身份信息的最大序号。

个体间知识距离则反映了个体间知识储备的差异性——个体间知识距

离越大，它们的知识储备差距就越明显，即知识储备的交集越小。个体间知识距离记为

$$\Phi(i,j) = \sqrt{\sum_{k=1}^{m} (v_{i-k} - v_{j-k})^2} , \quad i \neq j \qquad (4-2)$$

值得注意的是，个体间知识距离与个体间联系的形成密切相关——个体 i 与个体 j 之间能够形成联系的前提是，二者相距适宜，既非过远，也非过近。因为 i 与 j 相距过远则二者之间的知识储备和认知模式差异过大，难以理解和吸收彼此的知识；相距过近则没有多少新奇而有价值的知识值得吸收（Nooteboom et al, 2007；Mowery，Oxley，Silverman，1998）。

4.2.1.2 网络联系中的创新事件

在创新网络中，创新个体通过外部知识搜索行为与其他创新个体建立联系。

联系建立主要为了完成两大任务。一是知识学习（knowledge learning，KL），即从优质的外部"知识源"中吸收知识，以弥补自身知识储备的短板；二是知识创造（knowledge creation，KC），即在知识学习的基础上，进一步提升自身的创新能力，实现新知识的创造，以颠覆系统的知识竞争格局。

因此，网络中每条联系会发生两种创新事件，即 KL 事件和 KC 事件。前者会使"知识吸收者"（知识搜索的主动发起者）在知识空间 V 中的位置 v_i 发生改变，即"知识接受者" i 与"知识源" j 的知识距离 $\Phi(i, j)$ 缩短，如图 4.2（a）所示。而后者则会使系统知识空间 V 的布局重新排列，即除"知识吸收者"之外的个体（包括"知识源"和全部第三方）的知识位置 v_u（$u \neq i$）均发生改变，如图 4.2（b）所示。结合现实中企业运营发展经验，知识学习相对容易，其发生概率 p_1 相对较高，而知识创造对则相对困难，发生概率 p_2 相对较低。

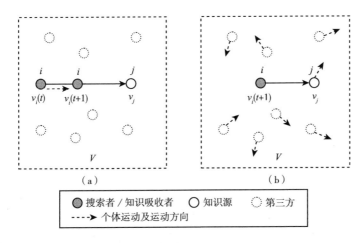

图 4.2　网络联系中的创新事件

4.2.2　创新网络演化机制

在 CAS 理论视角下，创新网络演化是创新个体外部知识搜索行为驱动的"自下而上"的结果。而网络的演化机制就体现在个体的外部知识搜索行为过程和企业间知识创新上，即"搜索范围划分—合作选择—企业间联系形成—企业间知识学习与合作创造新知识"的往复循环，如图 4.3 所示。

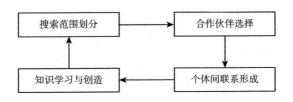

图 4.3　基于 CAS 理论的创新网络演化机制

一方面，随着外部知识搜索活动的推进，个体间联系发生改变，表现为（新）联系形成和联系消散；另一方面，随着联系的建立，依托联系传导的知识流不均匀涌现，使个体在知识空间 V 中的位置发生改变，进而影响下一个阶段的外部知识搜索活动结果。

为了优化内部知识的使用效率和开发尚未被使用的"沉睡"知识价值，创新个体 i 在 t 时刻，在创新网络知识空间 V 中开展知识搜索活动。"搜索者" i 首先需要明确搜索范围和圈定候选"知识源"集合 S。这一环节主要受 i 当前知识位置 $v_i(t)$ 和搜索宽度的制约：知识位置反映了 i 的知识储备现状，是 i 开展知识搜索活动的起点，也是 i 在 V 中搜索范围的位置中心；而搜索宽度则直接影响 i 的搜索半径，决定其搜索范围大小。

随后，受制于成本因素，i 无法与 S 中的每一个成员建立合作关系，要从 S 中"择优而选"。在这一环节中，i 的选择偏好主要受其在知识创新网络中的嵌入性的影响。此外，S 中的候选对象可以拒绝成为 i 的合作伙伴。因此，合作伙伴选择是一个双向选择过程，合作关系对合作双方而言都应是"有利可图"的互惠性原则。

"搜索者" i 从 S 中选定目标"知识源" j 之后，i 需要在其可承受范围内与 j 建立一定强度的合作关系 R_{ij}。R_{ij} 强度主要受制于 i 的知识吸收能力和知识搜索深度。知识吸收能力决定 i 从 j 中吸收知识的效率，而知识搜索深度制约 i 所能接触和挖掘 j 知识的深度，二者共同影响的 R_{ij} 强度。

伴随 R_{ij} 的正式形成，知识空间 V 中会触发知识学习 KL 和知识创造 KC 事件，并产生相应的创新绩效，即学习绩效和创造绩效。首先，"搜索者" i 会通过 R_{ij} 从"知识源" j 中学习互补性知识，以实现对自身知识储备的优化和升级。在这一过程中，i 的知识位置发生改变 [t 时刻的位置 $v_i(t)$ 与 $t+1$ 时刻的位置 $v_i(t+1)$ 明显不同]，i 会朝 j 的方向运动，如图 4.2 (a) 所示；而 i 的知识位置的改变量则是 i 通过 R_{ij} 所获得的知识学习绩效的体现，记为

$$PKL_{i \leftarrow j}^{t} = \Delta v_i(t) = v_i(t+1) - v(t) \qquad (4-3)$$

其次，在 i 成功学习 j 知识基础上，i 的知识储备和认知水平有了一定程度的飞跃，此时 i 具备创造新知识的能力。若 i 成功实现新知识的创造，知识空间 V 中的竞争格局就会发生改变，表现为非 i 成员的知识位置变

化，如图 4.2（b）所示，而它们知识位置改变的标量和则是 i 知识创造绩效的体现，记为

$$PKC^t_{i \leftarrow j} = \sum_{k \neq i}^{n} \Delta v_k(t) \qquad (4-4)$$

当 R_{ij} 中的 KL 和 KC 事件触发并成功执行之后，"搜索者" i 自身的知识位置，i 与 j 相对知识位置，以及 i 与其他个体的相对知识位置，均发生改变，直接影响 i 下一个阶段 $t+1$ 时刻的外部知识搜索行为及行为结果。

4.3　本章小结

本章对复杂适应系统视角下开放式创新行为驱动的创新网络演化机制进行了讨论。首先，沿着"搜索范围划分—合作伙伴选择—联系形成"逻辑链条，对大机车 HX3 电力机车开发开展探索性嵌入式案例研究。以其 HX3 技术入门、技术积累和技术掌握三个阶段的外部知识搜索战略实践为分析单元，综合采用内容分析和典型事件分析，识别不同时期的大机车外部知识搜索各行为环节的关键影响因素，分析这些因素对大机车外部知识搜索行为特征和表现形式的作用效果，进而形成基于外部知识搜索过程的科技型企业开放式创新行为表现架构。本章的研究表明：

第一，企业搜索范围受搜索宽度和知识互补双重制约，直接反映在搜索距离的"远近"上。搜索距离较短的属于本地搜索，反之则是远程搜索，二者之间没有绝对的界限。

第二，企业合作伙伴具有明显的网络色彩，包括网络位置导向和网络联系导向。在网络位置导向影响下，企业主要表现出"接近"和"信息优势"（或"拓展"）选择偏好；而在网络联系导向影响下，企业则表现出"熟人"偏好。

第三，企业间联系形成的关键影响因素包括企业搜索深度和吸收能

力。在二者共同作用下，联系呈现出不同的强度特征。

然后，在明晰企业开放式创新行为全过程表现架构的基础上，本章从CAS理论视角出发，对开放式创新行为驱动的创新网络演化机制进行了深入讨论。本书认为，创新网络是由一群个体创新企业，彼此间相互依赖和相互影响，所形成的具有复杂自适应系统特征的网络组织。复杂性和自适应性是创新网络主要特征，网络演化是由创新个体间、个体与网络创新环境间的知识信息交互，即开放式创新行为（外部知识搜索行为），所驱动的"自下而上"的过程。具体地，引入"知识空间"的概念，从微观层面的局部知识流的视角剖析和展示创新网络的演化机制，为第5章"整体网"演化与第6章"个体网"演化仿真研究提供有力的建模依据。

第5章

基于 CAS 理论的创新网络
"整体网" 演化仿真研究

本章基于 CAS 理论，对创新网络"整体网"的演化规律进行主体建模仿真研究。在 CAS 理论视角下，"整体网"在群体开放式创新行为"合力"驱动下演化发展。因此，在"整体网"演化研究中：自变量是群体知识搜索行为的宽度和深度，即"群体搜索宽度"和"群体搜索深度"；调节变量是创新网络环境的创新破坏度；因变量是"整体网"的网络结构和网络创新绩效。网络结构从凝聚性、聚集性、可达性和权力分布四方面考察；而网络创新绩效则涉及知识学习绩效和知识创造绩效两种，每种绩效分别从群体内个体绩效产出的一般/平均水平以及群体内个体间绩效产出差距两方面考察。

出于对模型简化和降低不必要复杂性的考虑，本章将模型中所涉及的其他重要因素，如个体企业知识互补性标准、吸收能力等，视为常量；将企业合作伙伴选择偏好默认为各种选择偏好等概率发生。

5.1 模型构建

根据第 3 章中形成的研究框架，以及第 4 章对开放式创新行为驱动的创新网络演化机制的分析，本章应用主体建模方法，设计群体开放式创新行为驱动的"整体网"演化的仿真模型。

特别地，"整体网"演化是群体外部知识搜索行为的共同结果，即网络成员行为"合力"的特征决定"整体网"演化轨迹，因此，在"环境调节的'企业开放式创新行为—创新网络演化'"研究框架中（见第 3 章的图 3.1），自变量"搜索宽度"指的是群体外部知识搜索宽度，用符号 λ 表示；自变量"搜索深度"指的是群体外部知识搜索深度，用符号 μ 表示。

此外，为了降低仿真实验结果分析中不必要的复杂性，本章将群体外部知识搜索行为的开放度简化为"系统中全体成员共享一个宽度和一个深度"，即每个个体的搜索宽度相同，每个个体的搜索深度相同，记为

$$\lambda_i = \lambda_j = \lambda; \quad i,j = 1,2,\cdots,n \qquad (5-1)$$

$$\mu_i = \mu_j = \mu; \quad i,j = 1,2,\cdots,n \qquad (5-2)$$

其中，i 和 j 分别代表个体在创新网络系统中的身份信息，且 $i \neq j$。

5.1.1 模型描述

（1）创新网络是由一群拥有共同开放宽度和深度、来自同一产业或相关产业的高科技中小企业和科研机构组成的复杂适应性网络。创新网络嵌入在特定创新破坏度的技术创新环境之中，其演化轨迹与创新环境的破坏度密切相关。此外，网络还对应一个抽象的知识空间，每一个企业成员在知识空间中都占据一个"知识位置"。企业成员进行外部知识搜索的任务主要有二：一是难度相对较低的基本任务——从网络"知识源"中学习知识（KL）；二是在知识学习的基础上实现难度相对较大的高级任务——新知识创造（KC）。

（2）企业个体的外部知识搜索行为不仅使企业个体间形成网络联系，还同时改变了它们在知识空间的位置：在企业个体外部知识搜索行为过程

中，随着联系的建立，联系双方会进行合作互动，进而产生相应的知识学习绩效（PKL）和知识创造绩效（PKC），使联系双方在知识空间中的位置发生改变。创新网络的整体绩效则分别由每个企业个体的知识学习绩效和知识创造绩效构成，反映在群体绩效分布的均值（产出平均/一般水平）和方差（个体间产出差距）上。

（3）企业个体在进行外部知识搜索行为过程时，遵循以下规则：

第一，搜索宽度和知识互补性共同决定了企业个体的知识搜索范围。其中，开放宽度限定了企业个体外部搜索的最大半径，体现了其外部知识搜索范围的上边界，而知识互补性则进一步限定了企业个体外部知识搜索的最小半径，体现了其外部搜索范围的下边界。

第二，"互利互惠"和规避风险的合作偏好共同决定了企业个体外部知识搜索行为最终的合作伙伴选择和联系建立决策。

第三，搜索深度和吸收能力共同决定了企业个体间合作的强度。

5.1.2 模型抽象

5.1.2.1 创新网络"整体网"和知识空间

创新网络是由一组固定数目的企业个体组成的具有复杂适应系统特征的网络组织，每一个企业成员都是一个创新网络的"节点"，企业个体间的合作关系则是节点间的"连线"。"连线"是有方向的，由"搜索者"指向"知识源"，与知识流动的方向相反。

创新网络同时也对应了一个抽象的 $[0,1] \times [0,1]$ 二维向量知识空间。网络中每一个企业节点在知识空间中都有自己的位置，可用一有理数对 (x_i, y_i) 表示。其中 $0 \leqslant x_i, y_i \leqslant 1$，且 x_i 和 y_i 的绝对值大小不意味着该节点在对应知识维度的知识存量的多少。特别地，在知识空间中，企业节点 i 和 j 的距离为：

$$d_{ij} = \sqrt{\left(\frac{1}{2} - \left|\frac{1}{2} - |x_i - x_j|\right|\right)^2 + \left(\frac{1}{2} - \left|\frac{1}{2} - |y_i - y_j|\right|\right)^2}$$

$$(5-3)$$

5.1.2.2 联系中的创新事件和创新绩效

1. 知识学习事件与学习绩效

在一条联系中，成功的"学习事件"会改变知识学习者在知识空间中的位置：当"搜索者"i从知识源j中成功获取知识时，i提升了其与j在知识储备方面的相似性，即二者在知识空间中的距离缩短。在本章的模型中，在t时刻，"搜索者"i从"知识源"j中学习知识的"学习"事件对i知识位置的改变遵从：

$$\begin{cases} \Delta x_i^t \sim U[0, \alpha \cdot \mu(x_j^t - x_i^t)] \\ \Delta y_i^t \sim U[0, \alpha \cdot \mu(y_j^t - y_i^t)] \end{cases} \qquad (5-4)$$

其中，常量参数$\alpha \in (0, 0.5)$，代表企业节点的吸收能力；$\mu \in (0, 1]$，代表搜索深度。基于位置的该变量，"学习者"i在t时刻的知识学习绩效为：

$$PKL_i^t = \sqrt{(\Delta x_i^t)^2 + (\Delta y_i^t)^2} \qquad (5-5)$$

相应地，"学习者"i在t时刻的知识学习绩效期望为：

$$E[PKL_i^t] = \frac{\alpha\mu}{2}\sqrt{(x_j^t - x_i^t)^2 + (y_j^t - y_i^t)^2} \qquad (5-6)$$

2. 知识创造事件与创造绩效

在一条联系中，当"搜索者"i完成对"知识源"j的知识的消化吸收之后，就会努力完成知识搜索的更高级目标——成为"创造者"，产生新知识，以实现更高级的成长发展。一个成功的"知识创造事件"，不仅能够为企业带来新的增长点，还能增加创新网络中的总体知识存量；反映在对应的知识空间上，则表现为其中全部企业节点的知识位置分布的改变。

在一条联系中发生的"知识创造事件"对"知识源"j和非直接参与合作创新的"第三方"k的影响力主要取决于两大影响因素。首先是与"创造者"i的知识距离。直观地，k与j距离i越近，所受到的影响就越明显，在知识空间中的位置被改变的程度就越大。其次是创新网络系统所处的产业技术创新破坏度。一般情况下，创新破坏度θ越高，新知识在网络中产生的影响也就越大，即改变"整体网"的知识竞争格局。通过"知识源"j和非直接参与合作创新的"第三方"k知识位置的改变量，可以测度出"创造者"i的知识创造绩效。

一个"知识创造事件"对"创新者"在知识空间中的横坐标和纵坐标施加的最大影响可表示为：

$$\left| \Delta x_{k-\max} \right| = \left| \Delta y_{k-\max} \right| = \psi_k$$
$$= \varepsilon \cdot \exp(-1/\theta) \cdot \left(1 - \frac{1}{\sqrt{2}} d_{ik} \right) \quad (5-7)$$

其中，d_{ik}是"非创造者"k与"创造者"i的知识距离，按照式（5-3）计算；常量$\varepsilon \in (0,1)$，是一个规模控制参数，其目的在于方便控制"知识创造事件"对企业节点位置改变的最大影响规模，以防止企业节点超出知识空间的"边界"。

非"创新者"k实际的横、纵坐标改变量Δx_k和Δy_k，分别服从分布函数为$U(-\psi_k, \psi_k)$的均匀分布。因此，非"创新者"k实际的知识位置改变量$\sqrt{\Delta x_k^2 + \Delta y_k^2}$服从分布函数为$U[0, \sqrt{2}\psi_k)$的均匀分布。相应地，"创造者"$i$在$t$时刻的知识创造绩效为：

$$PKC_i^t = \sum_{k \neq i}^{N} \sqrt{\Delta x_k^2 + \Delta y_k^2} \quad (5-8)$$

"创造者"i在t时刻的知识创造绩效期望为：

$$E[PKC_i^t] = \sum_{k \neq i}^{N} E\left[\sqrt{\Delta x_k^2 + \Delta y_k^2} \right] = \frac{\sqrt{2}}{2} \cdot \sum_{k \neq i}^{N} \psi_k \quad (5-9)$$

5.1.2.3 企业个体外部知识搜索过程

1. 候选合作伙伴范围确定

"搜索者" i 的潜在合作伙伴范围受知识互补性和开放宽度两大因素影响。其中，知识互补性限定了"搜索者" i 与候选"知识源" j 之间的最短距离，而开放宽度则限定了"搜索者" i 与候选"知识源" j 之间的最长距离。对"搜索者" i 而言，一个合格的候选"知识源" j 既不能与相距其太远，也不能过近：相距太远则超出 i 的最大搜索半径，不在 i 的"视野"之中；相距过近则会产生因知识储备相似度过高而无新奇知识可学的困境。因此，一个合格的候选"知识源" j 需要与"搜索者" i 保持"合理"的距离范围：

$$d_c \leqslant d_{ij} \leqslant \rho \cdot \lambda \qquad (5-10)$$

其中，下边界 d_c 由知识互补性决定；常量 $\rho \in (0, 1)$，是规模控制参数，是为了优化仿真实验结果而设置的控制搜索范围的上边界参数。

2. 合作伙伴选择和联系建立决策

受资源、资金和时间等方面的限制，"搜索者" i 不可能与全部候选对象建立联系，需要从候选对象集合中选择"最佳"合作伙伴进行合作创新。在"最佳"合作伙伴的选择和联系决策过程中，"有利可图"和"互利互惠"是双方合作的前提。

在 t 时刻，"搜索者" i 与潜在"知识源" j 建立联系的可能性与二者在知识空间中的距离有关，可借助高斯函数描述：

$$\eta_{i \leftarrow j}^{t} \equiv f(d_{ij}^{t}) = \begin{cases} 0 & , \quad d_{ij} \notin (d_c, \rho \cdot \lambda_i^t) \\ \eta' \exp(-(d_{ij}^t - d')^2/\sigma^2) & , \quad d_{ij} \in (d_c, \rho \cdot \lambda_i^t) \end{cases}$$

$$(5-11)$$

其中：d' 代表"搜索者" i 与潜在"知识源" j 的最佳距离；正参数 $\eta' \ll 1$ 是一个规模常量，控制"搜索者" i 与潜在"知识源" j 之间形成联系的最大可能。

"搜索者"i与潜在"知识源"j建立联系的预期收益是：

$$\pi_i^{i\leftarrow j} = \eta_{i\leftarrow j} \cdot (E[PKL_i^t] + E[PKC_i^t]) - C\mu \qquad (5-12)$$

其中，$\eta_{i\leftarrow j}$、$E[PKL_i]$ 和 $E[PKC_i]$ 分别按照式（5-6）和式（5-9）计算，正常量参数 C 是成本系数。

5.1.2.4 联系嵌入程度

当网络联系在"搜索者"i 与"知识源"j 之间形成时，二者在此条联系中的嵌入程度，即二者的合作强度，主要受"搜索者"i 的开放深度的影响：

$$S_{i\leftarrow j}^t \sim U[0, \alpha \cdot \mu] \qquad (5-13)$$

参数 α 的含义同式（5-4）的解释一致，表示网络中企业成员的吸收能力是一个恒定的常数。

5.1.3 参数设置

创新网络"整体网"演化的模型参数设置如表5.1所示。模型中的创新网络是一个由 100 个来自同一产业或相关产业的企业所共同组成的。借鉴乔尔·鲍姆等（Baum, Cowan, Jonard, 2010, 2014）的仿真实验参数设置经验，本章设置企业间形成联系可能性的高斯函数均值，即个体间最佳知识距离 $d' = 0.025$。与知识空间边长相比，这个取值相对较小，但它能够有效反映出大多数产业的企业间合作过程中，在两种反向力量——企业知识吸收能力和新奇知识需求的博弈下，知识距离（相似度）与联系形成之间的倒 U 型关系。

表 5.1   **"整体网"演化仿真模型参数设置**

参数	参数含义	在顶层研究框架中的"角色"	数值属性	数值范围
λ	群体搜索宽度	自变量	初始赋值，静态变化	$(0, 1]$
μ	群体搜索深度	自变量	初始赋值，静态变化	$(0, 1]$
θ	创新破坏度	调节变量	初始赋值，静态变化	$(0, 1]$
N	企业节点数目	常系数	恒定不变	100
α	企业的吸收能力	常系数	恒定不变	0.1
d'	"搜索者"与（潜在）"知识源"之间的最适宜距离	常系数	恒定不变	0.025
σ	反映两企业节点间形成联系可能性的高斯函数的标准差	常系数	恒定不变	0.025
ε	"知识创造事件"对"非创造者"位置改变的规模控制参数	常系数	恒定不变	0.2
η'	两企业间形成联系的最大可能控制参数	常系数	恒定不变	0.25
ρ	企业搜索范围规模控制参数	常系数	恒定不变	0.5
C	企业节点知识搜索的成本系数	常系数	恒定不变	0.001

    同时，本章设置高斯函数标准差 $\sigma = 0.025$。参数 σ 表示个体间联系形成的可能性随个体间距离偏移最佳知识距离的下降速度，当赋予其一个相对较小的数值 0.025 时，表达了个体间联系形成对距离偏移的低容忍度。结合罗纳德·芬德利（Findlay，1978）利用国民教育水平对国家吸收能力的定义和评价方式，本章在参考我国教育部公布的 1977 ~ 2017 年中国高等教育入学率相关数据的基础上，设置企业吸收能力 $\alpha = 0.1$。

    进一步地，为了确保能够形成一个较为接近现实的创新网络——总体松散（overall sparse）、局部密集（locally clustered）、网络密度在 2% ~ 5% 之间，即一个企业平均有 2 ~ 5 个知识合作伙伴（Powell et al, 2005；Sammarra, Biggiero, 2008；Tomasello, 2015；Buchmann T, 2015），本书借鉴乔尔·鲍姆等（Baum, Cowan, Jonard, 2010, 2014）在创新网络演化多主体仿真模型中使用的相关参数数值，设置"非创造者"位置改变规模控制

参数 $\varepsilon = 0.2$，个体间联系形成可能性规模控制参数 $\eta' = 0.25$，个体搜索范围控制参数 $\rho = 0.5$，联系成本系数 $C = 0.001$。

在本章构建的"整体网"演化的仿真模型中，仿真实验结果输出主要由代表自变量群体搜索宽度的参数 λ，代表自变量群体搜索深度的参数 μ，代表调节变量创新破坏度的参数 θ，三者共同控制。三大参数的数值范围都在区间（0，1］之内，具体地，本章规定：λ 和 μ 均起始于0.1，并以0.05逐渐递增至1；θ 存在三个取值，0.1、0.35和0.65，分别对应了三种典型的网络创新环境——映射产业技术成熟阶段的低技术创新破坏度、映射产业技术快速发展阶段的中等创新破坏度和映射产业初期萌芽阶段的高创新破坏度环境。因此，在给定的代表性创新破坏度下，一共存在19×19 = 361组仿真实验。

此外，为了尽可能地消除仿真误差，本章将既定创新破坏度下的每组仿真实验重复25次，每次运行过程横跨1100个时间步，其中前100个时间步不计入仿真实验结果分析中。随着仿真实验的向前推进，关于"整体网"在每个时间步中的结构和绩效相关数值的产生并输出，为"整体网"演化特征分析提供了丰富的素材。

5.2　"整体网"分析评价体系

5.2.1　"整体网"结构评价

关于"整体网"结构特征和属性的研究较为成熟。几种典型的网络结构分析评价框架，例如，斯坦利·沃瑟曼和凯瑟琳·福斯特（Wasserman，Faust，1994）的"网络密度与连通性（density connnectivity）—结构平衡与传递性（structural balance and transitivity）—子网的凝聚性和中心性（cohesive subgroups and centrality）"框架，马丁·吉尔达夫和蔡文彬（Kilduff，Tsai，2003）的"网络密度（density）—可达性（reachability）—中心势

（centralization）—内部分派情况（clique）"框架，以及范·德·沃克等（van der Valk, Chappin, Gijsbers, 2011）的"聚集性（clustering）—凝聚性（cohension）—中心势（centralization）"框架等，彼此间具有一定的相似性，强调或部分强调了"整体网"结构的凝聚性（密度）、聚集性或传递性、可达性、内部权力分布（中心势）等结构属性。因此，本章也从这四大结构属性出发，评价分析创新网络"整体网"结构特征。

5.2.1.1 凝聚性（cohension）

网络凝聚性是节点间关系凝聚性在网络层面上的拓展（Carpenter, Li, Jiang, 2012）。网络凝聚性是关于网络成员联系数目和联系强度的结构属性，暗示了"整体网"的发育程度和节点嵌入网络的程度。大多数学者采用密度作为网络凝聚性的分析评价指标，如克里斯蒂娜·法尔西和克利娅·麦克尼利（Falci, McNeely, 2009），也有学者通过子网内部联系平均强度与子网间联系平均强度的比值评价"整体网"的凝聚性，如斯坦利·沃瑟曼和凯瑟琳·福斯特（Wasserman, Faust, 1994）。本章采用网络密度这一指标来分析评价创新网络"整体网"的凝聚性特征。网络密度的计算公式如下：

$$Den = \frac{l}{n \times (n-1)} \quad\quad (5-14)$$

其中，n 表示创新网络中企业节点的数目，l 表示网络中企业间（单向）联系的数目。网络密度取值介于 0~1 之间，其值越大，网络的凝聚性越高。当网络密度为 0 时，网络中没有联系存在，企业是孤立存在的；当网络密度为 1 时，网络是"完全连接"的，即网络中任意两企业节点都是双向连接的。

创新网络凝聚性结构特征对其总体绩效产出具有显著的影响。创新网络凝聚性反映了创新网络中创新资源和资本的积累状况，而这些积累是网络中企业能够得以进行开放式技术创新战略并从中获益的关键所在。网络中"强"联系提升了企业间复杂知识和隐性知识的交换效率（Krackhardt，Nohria，Eccles，2003），而"弱"联系则为企业接触新知识和技术提供了便利（Granovetter，1983）。

5.2.1.2 聚集性（clustering）

聚集性反映了网络中的分派与成员聚集情况。在创新网络中，个体企业间联系是不均匀分布的，由于地理邻近性和认知接近性的影响，创新网络内部会出现一些小团体（cluster），在小团体内部，企业间紧密相连，而小团体之间的联系则比较松散。一般情况下，聚集系数（clustering coefficient）被用来分析评价"整体网"的凝聚性特征（Newman，Girvan，2004），其计算公式如下：

$$CC = \frac{3 \times T_{\Delta}}{T_{\Lambda}} \qquad (5-15)$$

其中，T_{Δ} 表示网络中完全封闭的三角环数目，T_{Λ} 表示网络中完全和非完全封闭三角环数目。网络聚集系数的取值介于 0~1 之间，其值越大，网络的聚集性越高。当聚集系数为 0 时，网络中没有完全封闭的三角环结构，企业没有明显的聚集和抱团现象，彼此间是松散连接的；当聚集系数为 1 时，网络是完全连接的，所有企业抱成一团或结成一派。

创新网络聚集性结构特征对其总体绩效产出具有显著的影响。首先，小团体自身结构与其内部的知识分享和信息传播息息相关（Schilling，Phelps，2007）。受地理邻近性和认知接近性影响而形成的小团体，其内部存在相对完善的信任机制和信息接收机制（Das，Teng，2001；Langfield-Smith，2008），成员间的紧密关系大大降低了信息不对称发生概率，提升了成员间知识交流与互动的效率，加深了成员间的彼此了解。这极大促进了团体内研发难题的解决，以及刺激成员间更广范围和更深层次的相互学习（Dyer，Singh，1998）。其次，小团体之间松散的连接结构对新知识创造有着重要意义（Uzzi，Spiro，2005）。跨团体联结（cluster-spanning ties）

在创新网络中形成了丰富的结构空洞，占据结构空洞的企业会发展成"守门人"（gate - keeper），连接不同团体之间的知识交流，能够将外部新奇知识和技术传入所在的团体中，促进团体中新知识的产生和技术的优化升级（Schilling，Phelps，2007）。

5. 2. 1. 3　可达性（reachability）

可达性反映了创新网络中创新个体间彼此间接触和沟通交流的难易程度，而平均路长则是评价网络可达性最具代表性和最常用的指标（Boccaletti et al，2006）。平均路长的计算公式如下：

$$Di = \frac{1}{n(n-1)} \sum_{i \neq j}^{n} pl_{i \to j} \qquad (5-16)$$

其中，$pl_{i \to j}$ 为个体 i（"搜索者"）到 j（"知识源"）的网络拓扑上的最短路；n 是创新网络中所含个体企业的总数。注意：在本章的研究中，网络的有向边长默认为"1"，因此两点间"最短路"长度/距离等于组成"最短路"的有向边的数目。

创新网络可达性结构特征对其总体绩效产出具有显著的影响。研究表明，高可达性不仅能够提升网络中多元化知识传播速度和传播效率，还可以促进网络中新知识的产生。

5. 2. 1. 4　中心势（centralization）

创新网络的中心势反映了其内部创新个体间权力分布情况（Freeman，1978）。一般情况下，中心势高的网络会表现出明显的"等级"结构，而中心势低的网络则表现出"扁平"结构。近年来普遍被提及的服从幂律分布（power-law distribution）的"无标度"（scale free）网络，以及广为熟知的星形结构网络，是最具代表性的高中心势网络，而完全连接网络和环形网络则是典型的低中心势网络（Provan，Fish，Sydow，2007）。在高中心势的创新网络中，少数个体节点扮演了"中心者"（hub）的角色，即拥有大量的连接，对网络中的知识交换和信息传播起到关键的控制作用；而绝大多数节点只拥有少量的连接，其成长和消亡对网络整体存在的影响甚微。

评价一个网络的中心势结构特征，前提是要计算出该网络的中心势指数。目前常见的中心势指数有度数中心势指数（degree centralization index）、接近中心势指数（closeness centralization index）和中间中心势指数（betweenness centralization index）。本章选取度数中心势指数作为创新网络中心势评价指标。度数中心势计算公式如下：

$$Cen = \frac{\sum_{i=1}^{n}(C_D(i^*) - C_D(i))}{\max\left[\sum_{i=1}^{n}(C_D(i^*) - C_D(i))\right]} \qquad (5-17)$$

其中：$C_D(i)$ 是企业 i 的度数中心性，其值大小等于 i 拥有的外部关系数目；$C_D(i^*)$ 是网络中个体拥有的最大中心性；n 是创新网络中个体的总数。

创新网络中心势结构特征对其总体绩效产出具有显著的影响。首先，高中心势意味着创新网络的结构"鲁棒"（robustness）特征（Barabási，Albert，1999），即新外围企业涌现或非中心企业衰退，不会使网络整体发生巨变，网络中的知识交流和信息传播依然正常运转。其次，高中心势也暗示了创新网络的结构"脆弱"（weakness）特征（Barabási，Albert，1999）。"中心"企业的战略决策具有"连带效应"，其一旦遭遇重大挫折，会强烈波及大量"外围"成员，造成整体创新网络的失败甚至坍塌。

5.2.2 "整体网"创新绩效评价

"整体网"创新绩效是在创新网络演化过程中，创新群体外部知识搜索活动的产出积累，表现为每个个体知识位置的持续变化。具体地，创新群体外部知识学习活动的产出积累反映"整体网"知识学习绩效；创新群体在外部知识学习基础上所发生的知识创造活动的产出积累则反映"整体网"知识创造绩效。

为了更透彻地分析"整体网"创新绩效特征，本章从演化末期的群体绩效分布（population-level performance distribution）入手，通过考察群体绩效分布的均值及其变化情况，重点分析"整体网"创新绩效的一般水平。群体绩效分布的均值记为

$$Ave\_PKL = \frac{1}{n}\sum_{i=1}^{n}\sum_{t}\sum_{j \in N_i^t} PKL_{i \leftarrow j}^{t} \qquad (5-18)$$

$$Ave\_PKC = \frac{1}{n}\sum_{i=1}^{n}\sum_{t}\sum_{j \in N_i^t} PKC_{i \leftarrow j}^{t} \qquad (5-19)$$

其中，$PKL_{i \leftarrow j}^{t}$ 和 $PKC_{i \leftarrow j}^{t}$ 详见式（5-5）和式（5-8）；N_i^t 为"搜索者" i 当前（t 时刻）的外部"知识源"对象集合。

此外，为了考察"整体网"中创新个体之间的绩效差距情况，本章在对群体绩效分布均值进行分析的基础上，进一步分析群体绩效分布的相对方差特征加以辅助。群体绩效分布相对方差记为

$$cv\_PKL = \sqrt{\frac{1}{n}\left(Ave\_PKL - \sum_{t}\sum_{j \in N_i^t} PKL_{i \leftarrow j}^{t}\right)^2} \Big/ Ave\_PKL \qquad (5-20)$$

$$cv\_PKC = \sqrt{\frac{1}{n}\left(Ave\_PKC - \sum_{t}\sum_{j \in N_i^t} PKC_{i \leftarrow j}^{t}\right)^2} \Big/ Ave\_PKC \qquad (5-21)$$

其中，Ave_PKL 和 Ave_PKC 详见式（5-18）和式（5-19）。

5.2.3 "整体网"分析评价体系

根据 5.2.1 节和 5.2.2 节的内容论述，本章构建"整体网"分析评价体系，如图 5.1 所示。

"整体网"分析评价涉及网络结构和网络创新绩效两大维度。其中在分析"整体网"结构特征时，主要从网络的凝聚性、聚集性、可达性和中心势四方面考察；在分析"整体网"绩效特征时，重点考察"整体网"内部创新个体绩效产出的一般水平或平均水平，并结合个体间创新产出差异情况加以辅助。

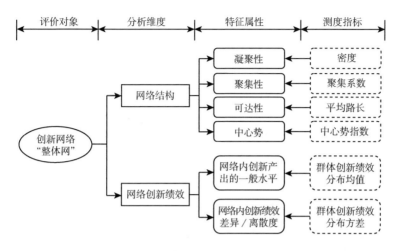

图5.1　"整体网"分析评价体系

5.3　仿真实验结果分析：网络结构

大规模仿真实验结果表明，创新破坏度（θ）不改变群体开放度（λ和μ）对"整体网"结构的作用性质，只影响群体开放度的作用力度。因此，在下面关于"群体开放度对'整体网'网络结构影响性分析"的论述中，只详细讨论一种网络创新环境——中等创新破坏度下的"整体网"结构演化特征；而其他两种环境条件下的"整体网"结构演化仿真实验结果则分别整理到本书的附录 A 和附录 B 中，在本书正文中不再做过多阐述。此外，为了分析论述更加清楚和有条理，本节重点分析"低""中""高"代表性搜索宽度状态，即 λ 分别取值 0.2、0.5、0.8，和"低""中""高"代表性搜索深度状态，μ 分别取值 0.2、0.5、0.8，纵横交错，共 $3 \times 3 = 9$ 种开放度条件下的"整体网"结构变化趋势。

图 5.2 展示了第 500 个时间步的不同群体开放度状态下的"整体网"的即时网络结构。可以观察到群体搜索宽度和群体搜索深度对"整体网"的网络结构有不同的作用效果。

	$\lambda=0.2$；$\mu=0.2$	$\lambda=0.2$；$\mu=0.5$	$\lambda=0.2$；$\mu=0.8$
Den	0.0134	0.0101	0.0086
CC	0.1025	0.0502	0.0461
Di	98.246	98.819	99.048
Cen	0.0482	0.0379	0.0337
	$\lambda=0.5$；$\mu=0.2$	$\lambda=0.5$；$\mu=0.5$	$\lambda=0.5$；$\mu=0.8$
Den	0.0417	0.0261	0.0160
CC	0.4693	0.2849	0.1601
Di	91.323	95.775	97.905
Cen	0.0760	0.0581	0.0499
	$\lambda=0.8$；$\mu=0.2$	$\lambda=0.8$；$\mu=0.5$	$\lambda=0.8$；$\mu=0.8$
Den	0.0382	0.0232	0.0149
CC	0.4398	0.2791	0.1478
Di	92.676	96.491	98.131
Cen	0.0752	0.0567	0.0479

图 5.2 中等创新破坏度环境下第 500 时间步时刻的"整体网"结构示意

一方面，随着搜索宽度的增加，"整体网"结构的复杂化程度和浓密程度先明显提升，而后保持相对稳定，具体体现在密度（*Den*）、聚集系数（*CC*）、平均路长（*Di*）和中心势指数（*Cen*）等结构指标的数值的增幅上。另一方面，随着搜索深度的增加，"整体网"的结构复杂化程度和浓密程度逐渐下降，具体体现在密度、聚集系数、平均路长和中心势指数等结构指标的数值的下降趋势上。

5.3.1 群体开放度对"整体网"凝聚性的影响

凝聚性结构特征描述了网络成员间的联系紧密程度，不仅反映了成员嵌入"整体网"的嵌入水平，还暗示了"整体网"的发育程度和节点嵌入网络的程度。本章用网络密度（*Den*）指标来衡量"整体网"的凝聚性特征，网络密度越大，"整体网"凝聚性越强（见图5.3）。

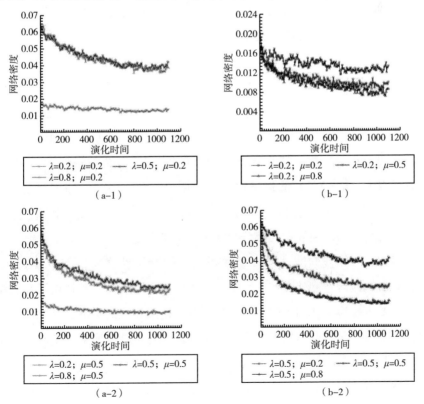

（a-1）

（b-1）

（a-2）

（b-2）

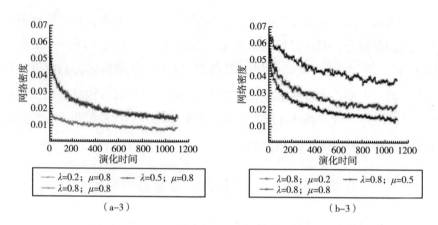

图 5.3　中等创新破坏度环境下不同开放度条件下的网络密度变化趋势

5.3.1.1　群体搜索宽度对凝聚性的影响

首先分析群体搜索宽度对"整体网"凝聚性的影响作用。图 5.3 的（a-1）、（a-2）、（a-3）展示了群体搜索深度（μ）固定前提下，网络密度在不同群体搜索宽度（λ）条件下的演化趋势。从中可以观察到，在搜索深度（μ）固定前提下，低搜索宽度（$\lambda=0.2$）条件下的网络密度最小；当搜索宽度增大到中等状态水平时（$\lambda=0.5$），网络密度显著上升；而当群体搜索宽度继续增大至较高的状态水平时（$\lambda=0.8$），网络密度的增幅就非常有限。这一特征在群体搜索深度固定在较高水平（$\mu=0.8$）和较低水平（$\mu=0.2$）前提条件下最为明显，即：在"网络密度—演化时间"平面直角坐标系中，中等搜索宽度对应的网络密度曲线和高搜索宽度对应的网络密度曲线在大部分时间步中交错重叠。

因此，群体搜索宽度与"整体网"结构凝聚性之间呈倒 U 型关系，即：当群体搜索宽度处在较低水平时，群体搜索宽度对"整体网"结构凝聚性主要表现为积极的正向作用，随着群体搜索宽度的上升，结构凝聚性也同步增大；而当群体搜索宽度处在中高水平时，群体搜索宽度对"整体网"结构凝聚性的正向作用大幅减弱，甚至表现出"非正向"影响，随着群体搜索宽度的上升，结构凝聚性增幅微弱或无增幅。

5.3.1.2 群体搜索深度对凝聚性的影响

图 5.3 的（b-1）、（b-2）、（b-3）展示了群体搜索宽度（λ）固定前提下，网络密度在不同群体搜索深度（μ）条件下的演化趋势。从中可以观察到，在搜索宽度（λ）固定的前提下，随着搜索深度（μ）的上升，网络密度不断下降，即：低搜索深度条件（$\mu = 0.2$）下的网络密度最大，中等搜索深度条件（$\mu = 0.5$）下的网络密度次之，而高搜索深度条件（$\mu = 0.8$）下的网络密度最小。此特征在群体搜索宽度固定在较高水平（$\lambda = 0.8$）和中等较低水平（$\lambda = 0.5$）前提条件下最为明显。

在"网络密度—演化时间"平面直角坐标系中，三条网络密度曲线无明显交错重叠，而是在各自数值区域范围震荡演化。其中，低搜索深度对应的密度曲线位于最上方，高搜索深度对应的密度曲线位于最下方，而中等搜索深度对应的密度曲线则位于二者之间。因此，群体搜索深度与"整体网"结构凝聚性之间呈单调负向关系，即随着群体搜索深度的上升，"整体网"结构凝聚性持续降低。

5.3.2 群体开放度对"整体网"聚集性的影响

聚集性结构特征描述了网络中成员的分派和聚集情况，反映个体与其合作伙伴的合作伙伴之间存在合作关系的可能性。本章用网络聚集系数（CC）指标来衡量"整体网"的聚集性结构特征——聚集系数越大，"整体网"聚集性越强（见图 5.4）。

5.3.2.1 群体搜索宽度对聚集性的影响

图 5.4 的（a-1）、（a-2）、（a-3）展示了群体搜索深度（μ）固定前提下，网络聚集系数在不同群体搜索宽度（λ）条件下的演化趋势。从中可以观察到，在搜索深度（μ）固定的前提下，低搜索宽度（$\lambda = 0.2$）

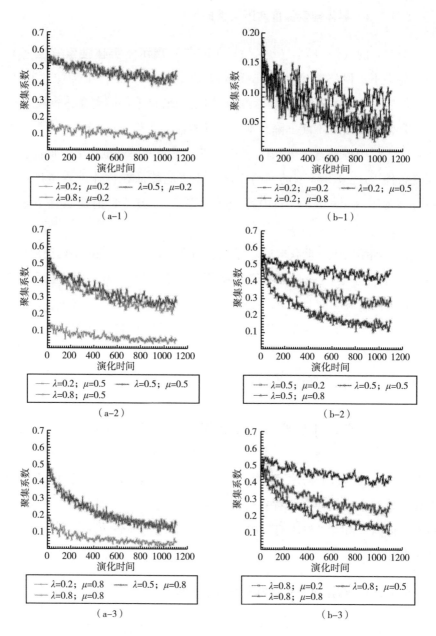

图5.4 中等创新破坏度环境下不同开放度条件下的网络聚集系数变化趋势

条件下的聚集系数最小；当搜索宽度增大到中等状态水平时（$\lambda = 0.5$），聚集系数显著上升；而当群体搜索宽度继续增大至较高的状态水平时（$\lambda = 0.8$），聚集系数小幅下降，这一特征在群体搜索深度固定在中等水平（$\mu = 0.5$）前提条件下最为明显，即：在"聚集系数—演化时间"平面直角坐标系中，中等搜索宽度对应网络聚集曲线在绝大多数仿真时间步中位于高搜索宽度对应聚集系数曲线之上。

因此，群体搜索宽度与"整体网"结构聚集性之间呈倒 U 型关系。当群体搜索宽度处在较低水平时，群体搜索宽度对"整体网"结构聚集性主要表现为积极的正向作用，随着群体搜索宽度的上升，结构聚集性也同步增大；而当群体搜索宽度处在中高水平时，群体搜索宽度对"整体网"结构聚集性更多地表现出"非正向"影响，随着群体搜索宽度的上升，结构聚集性无增幅或小幅下降。

5.3.2.2 群体搜索深度对聚集性的影响

图 5.4 的（b-1）、（b-2）、（b-3）展示了群体搜索宽度（λ）固定前提下，聚集系数在不同群体搜索深度（μ）条件下的演化趋势。从中可以观察到，在搜索宽度（λ）固定前提下，随着搜索深度（μ）的上升，聚集系数不断下降，即：低搜索深度条件（$\mu = 0.2$）下的聚集系数最大，中等搜索深度条件（$\mu = 0.5$）下的聚集系数次之，而高搜索深度条件（$\mu = 0.8$）下的聚集系数最小。此特征在群体搜索宽度固定在较高水平（$\lambda = 0.8$）和中等较低水平（$\lambda = 0.5$）前提条件下最为明显。

在"聚集系数—演化时间"平面直角坐标系中，三条聚集系数曲线无明显交错重叠，而是在各自数值区域范围震荡演化。其中，低搜索深度对应的聚集系数曲线位于最上方，高搜索深度对应的聚集系数曲线位于最下方，而中等搜索深度对应的聚集系数曲线则位于二者之间。因此，群体搜索深度与"整体网"结构聚集性之间呈单调负向关系，即随着群体搜索深度的上升，"整体网"结构聚集性持续降低。

5.3.3 群体开放度对"整体网"可达性的影响

可达性描述了个体成员间彼此接触和交流互动的难易程度，反映网络内部信息交流的顺畅程度。本章用个体成员间的平均网络路长（Di）指标来衡量"整体网"的可达性结构特征，平均路长越小，"整体网"的可达性越大，其内部信息交流越畅通（见图5.5）。

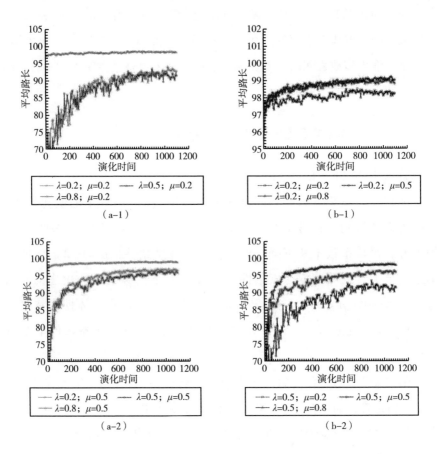

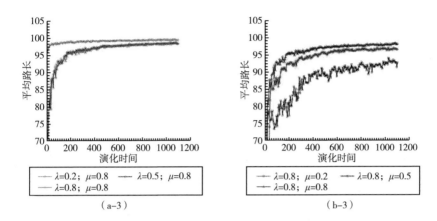

（a-3）　　　　　　　　　　　　　（b-3）

图 5.5　中等创新破坏度环境下不同开放度条件下的网络平均路长变化趋势

5.3.3.1　群体搜索宽度对可达性的影响

图 5.5 的（a-1）、（a-2）、（a-3）展示了群体搜索深度（μ）固定前提下，个体节点间网络平均路长在不同群体搜索宽度（λ）条件下的演化趋势。从中可以观察到，在搜索深度（μ）固定前提下，低搜索宽度（$\lambda=0.2$）条件下的网络平均路长最大，而中等搜索宽度（$\lambda=0.5$）和高搜索宽度（$\lambda=0.8$）条件下的网络平均路长在数值上较为接近。具体地，在搜索深度保持在较低水平（$\mu=0.2$）或较高水平（$\mu=0.8$）前提下，中等搜索宽度和高搜索宽度条件下的网络平均路长相差不大，即："网络平均路长—演化时间"平面直角坐标系中的中等搜索宽度对应的网络平均路长曲线和高搜索宽度对应的网络平均路长曲线，在绝大多数仿真时间步中交错重叠。而在搜索深度保持在中等水平（$\mu=0.5$）前提下，中等搜索宽度的网络平均路长则略小于高搜索宽度条件下的网络平均路长，即：中等宽度对应的网络平均路长曲线位于高宽度对应的网络平均路长曲线下方。

因此，群体搜索宽度与"整体网"结构可达性之间呈倒 U 型关系。当群体搜索宽度较低时，其对"整体网"结构可达性主要表现为积极的正向作用，随着群体搜索宽度的上升，网络平均路长缩短，网络可达性同步增大；而当群体搜索宽度处在中高水平时，其对"整体网"结构可达性更多地表现出"非正向"影响，随着群体搜索宽度的上升，网络平均路长无明显变化或小幅增大，网络可达性无增幅或小幅下降。

5.3.3.2 群体搜索深度对可达性的影响

图 5.5 的（b－1）、（b－2）、（b－3）展示了群体搜索宽度（λ）固定前提下，网络平均路长在不同群体搜索深度（μ）条件下的演化趋势。从中可以观察到，在搜索宽度（λ）固定前提下，随着搜索深度（μ）的上升，网络平均路长不断增大，即：高搜索深度条件（$\mu=0.8$）下的网络平均路长最大，中等搜索深度条件（$\mu=0.5$）下的网络平均路长次之，而低搜索深度条件（$\mu=0.2$）下的网络平均路长最小。此特征在群体搜索宽度固定在较高水平（$\lambda=0.8$）和中等较低水平（$\lambda=0.5$）前提条件下最为明显。

在"网络平均路长—演化时间"平面直角坐标系中，三条平均路长曲线无明显交错重叠，而是在各自数值区域范围震荡演化。其中，低搜索深度对应的平均路长曲线位于最下方，高搜索深度对应的平均路长曲线位于最上方，而中等搜索深度对应的平均路长曲线则位于二者之间。

因此，图 5.5 群体搜索深度与"整体网"结构可达性之间呈单调负向关系，即随着群体搜索深度的上升，伴随网络平均路长的增大"整体网"结构可达性持续降低。

5.3.4 群体开放度对"整体网"权力分布的影响

权力分布描述了不同网络个体成员对网络信息流动和资源传递的控制能力差距情况，反映了"整体网"内部的等级排序。在本章的研究中，用网络中心势指数（Cen）来衡量"整体网"的权力分布结构特征，中心势指数越大，"整体网"的权力分布等级差越明显，内部组织结构的"垂直化"趋向越显著（见图 5.6）。

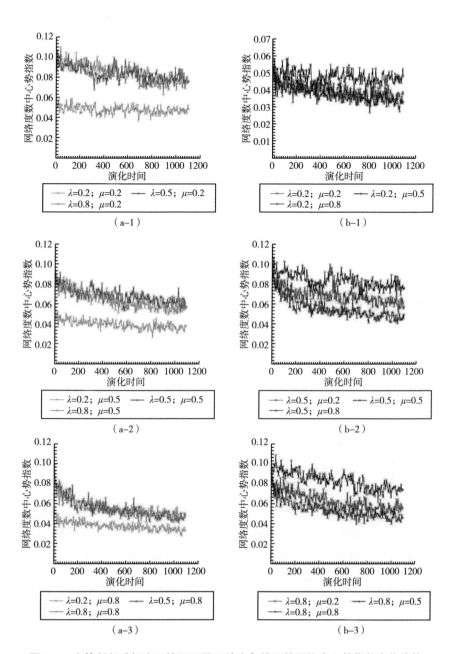

图5.6 中等创新破坏度环境下不同开放度条件下的网络中心势指数变化趋势

5.3.4.1　群体搜索宽度对权力分布的影响

图5.6的（a-1）、（a-2）、（a-3）展示了群体搜索深度（μ）固定前提下，网络中心势指数在不同群体搜索宽度（λ）条件下的演化趋势。从中可以观察到，在搜索深度（μ）固定前提下，低搜索宽度（$\lambda=0.2$）条件下的网络中心势指数最小。而中等搜索宽度（$\lambda=0.5$）和高搜索宽度（$\lambda=0.8$）条件下的网络中心势指数在数值上无明显差别，主要表现为"网络中心势指数—演化时间"平面直角坐标系中的中等搜索宽度对应的中心势指数曲线和高搜索宽度对应的中心势指数曲线在绝大多数仿真时间步中交错重叠。

因此，图5.6的（a-1）、（a-2）、（a-3）所示的仿真实验结果表明，群体搜索宽度与"整体网"权力分布等级差之间呈倒U型关系，即：当群体搜索宽度处在较低水平时，群体搜索宽度对"整体网"权力分布等级差主要表现为积极的正向作用——随着群体搜索宽度的上升，网络权力分布等级差增大，网络内部组织"垂直化"结构特征越明显；而当群体搜索宽度处在中高水平时，群体搜索宽度对"整体网"权力分布等级无明显影响作用——随着群体搜索宽度的上升，网络权力分布等级差保持相对稳定。

5.3.4.2　群体搜索深度对权力分布的影响

图5.6的（b-1）、（b-2）、（b-3）展示了群体搜索宽度（λ）固定前提下，网络中心势指数在不同群体搜索深度（μ）条件下的演化趋势。从中可以观察到，在搜索宽度（λ）固定前提下，随着搜索深度（μ）的上升，网络中心势指数不断降低，即：低搜索深度条件（$\mu=0.2$）下的网络中心势指数最大，中等搜索深度条件（$\mu=0.5$）下的中心势指数次之，而高搜索深度条件（$\mu=0.8$）下的中心势指数最小。此特征在群体搜索宽度固定在中高水平（$\lambda=0.5$；$\lambda=0.8$）前提条件下最为明显。

在"网络中心势指数—演化时间"平面直角坐标系中，三条中心势指数曲线无明显交错重叠，而是在各自数值区域范围震荡演化。其中，低搜索深度对应的中心势指数曲线位于最上方，高搜索深度对应的中心势指数曲线位于最下方，而中等搜索深度对应的中心势指数曲线则位于二者之间。

因此，群体搜索深度与"整体网"权力分布等级差之间呈单调负向关系，即随着群体搜索深度的上升，"整体网"权力分布等级差增大，"整体网"内部组织结构的"垂直化"趋向越显著。

5.3.5 创新破坏度对"整体网"结构的影响

在此节，重点分析创新破坏度对"整体网"网络结构的影响。大规模仿真实验结果表明，创新破坏度（θ）不改变群体开放度（λ 和 μ）对"整体网"结构的作用性质，只影响群体开放度的作用力度。因此，分析创新破坏度对"整体网"网络结构的影响可以对比同等开放度条件下，不同创新破坏度环境中的网络结构指标数值，而不必考虑创新破坏度和群体开放度之间的交互效应对"整体网"网络结构造成的影响。

此外，结合 5.2 节关于中等创新破坏度环境下"整体网"网络结构演化特征分析，以及本书附录 A 和附录 B 中关于低创新破坏度和高创新破坏度环境下"整体网"网络结构演化仿真实验结果，可以观察到"整体网"的结构特征指标在演化过程中，在各自特定的数值范围震荡发展，且演化趋势总体上相对单调，无明显周期性交替改变。因此，本节抽取 T_{300}、T_{600} 和 T_{900} 时刻的仿真实验结果输出"网络结构指标数值"来反映"整体网"演化前期、中期和晚期的"整体网"结构特征。在此基础上，对比同等群体开放度条件下，不同创新破坏度环境中的"整体网"网络结构在不同演化时期的特征表现，进而归纳出网络创新环境对群体搜索驱动的"整体网"结构演化的影响。

5.3.5.1　创新破坏度对"整体网"结构凝聚性的影响

表 5.2 归纳整理了在同等开放度条件下，不同创新破坏度环境中"整体网"网络密度的数值大小，以及随创新破坏度上升，网络密度的增幅情况。从中可以观察到，随着创新破坏度从较低水平（$\theta = 0.05$）上升到中等水平（$\theta = 0.25$），同等开放度条件下的网络密度具有明显的增幅。即：除双低搜索状态（$\lambda = 0.2$；$\mu = 0.2$）前提之外，其他八大搜索状态下"整体网"的网络密度在演化的各个阶段增幅超过 20%；而在双低搜索状态下，"整体网"网络密度在演化前期（T_{300} 时刻）、中期（T_{600} 时刻）和后期（T_{900} 时刻）的增幅分别是 5.19%、11.67% 和 13.27%，平均增幅水平也接近 10%。

但创新破坏度的进一步上升却使网络密度向相反的变化趋势发展。随着创新破坏度从中等低水平（$\theta = 0.25$）上升到较高水平（$\theta = 0.55$），不同搜索状态下的"整体网"网络密度在演化不同阶段均有所下降，其中以低宽度高深度（$\lambda = 0.2$；$\mu = 0.8$）搜索状态下的网络密度在演化早期阶段的降幅（-17.70%）、中宽度中深度（$\lambda = 0.5$；$\mu = 0.5$）搜索状态下的网络密度在演化早期和中期阶段的降幅（-18.63%，-11.41%），以及高宽度中深度（$\lambda = 0.8$；$\mu = 0.5$）搜索状态下的网络密度在演化晚期阶段的降幅（-10.64%）最为明显。

因此，创新破坏度对"整体网"结构凝聚性的作用呈倒 U 型，即：在创新破坏度处在较低水平时，随着创新破坏度上升，"整体网"的结构凝聚性显著增大；而当创新破坏度处在中高水平时，随着创新破坏度上升，"整体网"结构凝聚性下降。

5.3.5.2　创新破坏度对"整体网"结构聚集性的影响

表 5.3 归纳整理了在同等开放度条件下，不同创新破坏度环境中"整体网"聚集系数的数值大小，以及随着创新破坏度上升，聚集系数的增幅情况。从中可以观察到，随着创新破坏度从较低水平（$\theta = 0.05$）上升到

表 5.2 "整体网"网络密度在不同创新破坏度环境中的数值特征

时刻	环境	开放度								
		λ=0.2 μ=0.2	λ=0.2 μ=0.5	λ=0.2 μ=0.8	λ=0.5 μ=0.2	λ=0.5 μ=0.5	λ=0.5 μ=0.8	λ=0.8 μ=0.2	λ=0.8 μ=0.5	λ=0.8 μ=0.8
T_{300}	低破坏度	0.0135	0.0082	0.0074	0.0357	0.0218	0.0135	0.0350	0.0201	0.0139
	中破坏度	0.0142 (+5.19%)	0.0123 (+50.00%)	0.0113 (+52.70%)	0.0476 (+33.33%)	0.0365 (+67.43%)	0.0237 (+75.56%)	0.0467 (+34.43%)	0.0310 (+54.23%)	0.0233 (+67.63%)
	高破坏度	0.0141 (-0.70%)	0.0126 (+2.44%)	0.0093 (-17.70%)	0.0475 (-0.21%)	0.0297 (-18.63%)	0.0216 (-8.86%)	0.0459 (-1.71%)	0.0299 (-3.55%)	0.0229 (-1.72%)
T_{600}	低破坏度	0.0120	0.0084	0.0070	0.0290	0.0170	0.0101	0.0313	0.0154	0.0119
	中破坏度	0.0134 (+11.67%)	0.0103 (+22.62%)	0.0088 (+25.71%)	0.0430 (+48.28%)	0.0298 (+75.29%)	0.0182 (+80.20%)	0.0424 (+35.46%)	0.0251 (+62.99%)	0.0180 (+51.26%)
	高破坏度	0.0127 (-5.22%)	0.0102 (-0.97%)	0.0087 (-1.14%)	0.0392 (-8.84%)	0.0264 (-11.41%)	0.0167 (-8.24%)	0.0412 (-2.83%)	0.0243 (-3.19%)	0.0179 (-0.56%)
T_{900}	低破坏度	0.0113	0.0069	0.0051	0.0284	0.0150	0.0090	0.0267	0.0131	0.0076
	中破坏度	0.0128 (+13.27%)	0.0096 (+39.13%)	0.0087 (+70.59%)	0.0381 (+34.15%)	0.0252 (+68.01%)	0.0155 (+76.67%)	0.0390 (+46.07%)	0.0235 (+79.39%)	0.0157 (+106.58%)
	高破坏度	0.0120 (-6.25%)	0.0092 (-4.17%)	0.0084 (-3.45%)	0.0384 (+0.79%)	0.0231 (-8.33%)	0.0159 (-2.52%)	0.0368 (-5.64%)	0.0210 (-10.64%)	0.0154 (-1.27%)

注：表中括号里的数字是本行数据以上一行数据为基准的变化幅度。

121

表 5.3　"整体网" 聚集系数在不同创新破坏度环境中的数值特征

时刻	环境	开放度								
		$\lambda=0.2$ $\mu=0.2$	$\lambda=0.2$ $\mu=0.5$	$\lambda=0.2$ $\mu=0.8$	$\lambda=0.5$ $\mu=0.2$	$\lambda=0.5$ $\mu=0.5$	$\lambda=0.5$ $\mu=0.8$	$\lambda=0.8$ $\mu=0.2$	$\lambda=0.8$ $\mu=0.5$	$\lambda=0.8$ $\mu=0.8$
T_{300}	低破坏度	0.0933	0.0465	0.0361	0.3972	0.2604	0.1348	0.3874	0.2130	0.1295
	中破坏度	0.1373 (+47.16%)	0.1121 (+141.06%)	0.0796 (+120.50%)	0.4713 (+18.66%)	0.4031 (+54.80%)	0.3107 (+130.49%)	0.4731 (+22.12%)	0.3379 (+58.64%)	0.2672 (+106.33%)
	高破坏度	0.1079 (-21.41%)	0.0793 (-29.26%)	0.0588 (-26.13%)	0.4685 (-0.59%)	0.3408 (-15.46%)	0.2321 (-25.30%)	0.4661 (-1.48%)	0.3237 (-4.20%)	0.2225 (-16.73%)
T_{600}	低破坏度	0.0837	0.0343	0.0268	0.3756	0.1441	0.0888	0.1013	0.1452	0.1181
	中破坏度	0.0991 (+18.40%)	0.0552 (+60.93%)	0.0434 (+61.94%)	0.4681 (+24.63%)	0.3500 (+142.89%)	0.2833 (+219.03%)	0.3240 (+219.84%)	0.3037 (+109.16%)	0.2074 (+75.61%)
	高破坏度	0.0835 (-15.74%)	0.0387 (-29.89%)	0.0386 (-11.06%)	0.4156 (-11.22%)	0.2644 (-24.46%)	0.1635 (-42.29%)	0.327 (-0.93%)	0.2771 (-8.76%)	0.1847 (-10.95%)
T_{900}	低破坏度	0.0769	0.0246	0.0155	0.3660	0.1691	0.0914	0.3459	0.1190	0.0561
	中破坏度	0.0949 (+23.41%)	0.0569 (+131.30%)	0.0451 (+190.97%)	0.4105 (+12.16%)	0.2854 (+68.78%)	0.1689 (+84.79%)	0.4284 (+23.85%)	0.2746 (+130.76%)	0.1536 (+173.80%)
	高破坏度	0.0881 (-7.71%)	0.0406 (-28.65%)	0.0428 (-5.10%)	0.3967 (-3.36%)	0.2532 (-11.28%)	0.1726 (+2.19%)	0.4078 (-4.81%)	0.2309 (-15.91%)	0.1570 (-2.21%)

注：表中括号里的数字是本行数据以上一行数据为基准的变化幅度。

中等水平（$\theta=0.25$），同等开放度条件下的聚集系数具有明显的增幅。在 T_{300} 时刻，除低深度状态（$\mu=0.2$），其他六大搜索状态下的聚集系数增幅均超过 50%；在 T_{600} 时刻，除低宽度低深度（$\lambda=0.2$；$\mu=0.2$）和中宽度低深度（$\lambda=0.5$；$\mu=0.2$）搜索状态，其他七大搜索状态下的聚集系数增幅远超 60%；在 T_{900} 时刻，除低深度（$\mu=0.2$）和高宽度（$\lambda=0.8$）搜索状态下的网络聚集系数增幅相对较小，在 20% 附近，其他搜索状态下的网络中心势指数增幅较大，接近或超过 60%。

但创新破坏度的进一步上升却使网络密度向相反的变化趋势发展。随着创新破坏度从中等低水平（$\theta=0.25$）上升到较高水平（$\theta=0.55$），不同搜索状态下的"整体网"网络密度在演化不同阶段均有所下降，其中以低宽度（$\lambda=0.2$）搜索状态下的网络密度在演化早期阶段的降幅（-21.41%，-29.26%，-26.13%）、中等开放度（$\lambda=0.5$；$\mu=0.5$）状态下的网络密度在演化早期和中期阶段的降幅（-15.46%，-24.46%），以及中宽度高深度（$\lambda=0.5$；$\mu=0.8$）搜索状态下的网络密度在演化早期和中期阶段的降幅（-25.30%，-42.29%）最为明显。

因此，创新破坏度对"整体网"结构聚集性的作用呈倒 U 型，即：在创新破坏度处在较低水平时，随着创新破坏度上升，"整体网"的结构聚集性显著增大；而当创新破坏度处在中高水平时，随着创新破坏度上升，"整体网"结构聚集性下降。

5.3.5.3 创新破坏度对"整体网"结构可达性的影响

表 5.4 归纳整理了在同等开放度条件下，不同创新破坏度环境中"整体网"网络平均路长的数值大小，以及随着创新破坏度上升，网络平均路长的增幅情况。

从表 5.4 中可以观察到，随着创新破坏度从较低水平（$\theta=0.05$）上升到中等水平（$\theta=0.25$），同等开放度条件下的网络平均路长小幅下降，即：在不同演化阶段，网络平均路长的降幅在 6% 以内。而随着创新破坏度从中等低水平（$\theta=0.25$）上升到较高水平（$\theta=0.55$），不同搜索状态

表 5.4　"整体网"平均路长在不同创新破坏度环境中的数值特征

时刻	环境	开放度								
		λ=0.2 μ=0.2	λ=0.2 μ=0.5	λ=0.2 μ=0.8	λ=0.5 μ=0.2	λ=0.5 μ=0.5	λ=0.5 μ=0.8	λ=0.8 μ=0.2	λ=0.8 μ=0.5	λ=0.8 μ=0.8
T_{300}	低破环度	98.098	99.004	99.132	89.277	96.624	97.971	92.155	96.765	98.086
	中破环度	97.919 (−0.18%)	98.253 (−0.76%)	98.454 (−0.66%)	85.576 (−4.15%)	91.210 (−5.60%)	96.025 (−1.99%)	86.858 (−5.75%)	93.029 (−3.86%)	95.717 (−2.42%)
	高破环度	97.989 (+0.07%)	98.512 (+0.26%)	98.820 (+0.37%)	87.039 (+1.71%)	94.630 (+3.75%)	96.825 (+0.83%)	87.817 (+1.10%)	93.254 (+0.24%)	96.166 (+0.47%)
T_{600}	低破环度	98.394	99.060	99.165	92.870	97.295	98.735	93.476	97.536	98.327
	中破环度	98.102 (−0.30%)	98.807 (−0.26%)	98.931 (−0.24%)	90.267 (−2.80%)	94.399 (−2.98%)	97.328 (−1.43%)	90.020 (−3.70%)	95.811 (−1.77%)	97.369 (−0.97%)
	高破环度	98.095 (−0.01%)	98.796 (−0.01%)	98.956 (+0.03%)	90.760 (+0.55%)	95.806 (+1.49%)	97.657 (+0.34%)	91.524 (+1.67%)	95.959 (+0.15%)	97.628 (+0.27%)
T_{900}	低破环度	98.555	99.161	99.377	94.498	97.846	98.880	94.740	98.298	98.973
	中破环度	98.242 (−0.32%)	98.875 (−0.29%)	98.948 (−0.43%)	91.613 (−3.05%)	95.683 (−2.21%)	97.985 (−1.01%)	91.697 (−3.21%)	96.296 (−2.04%)	97.934 (−1.05%)
	高破环度	98.391 (+0.15%)	98.892 (+0.02%)	99.032 (+0.08%)	92.179 (+0.62%)	96.536 (+0.89%)	97.929 (+0.04%)	92.977 (+1.40%)	97.015 (+0.75%)	98.137 (+0.21%)

注：表中括号里的数字是本行数据以上一行数据为基准的变化幅度。

下的"整体网"网络平均路长在演化不同阶段则微幅上升，即：在不同演化阶段，网络平均路长的增幅在4%以内。

因此，创新破坏度对"整体网"结构可达性的作用呈倒U型，即：在创新破坏度处在较低水平时，随着创新破坏度上升，网络平均路长缩短，"整体网"的结构可达性增加；而当创新破坏度处在中高水平时，随着创新破坏度上升，网络平均路长小幅增大，"整体网"结构可达性下降。

5.3.5.4 创新破坏度对"整体网"结构权力分布的影响

表5.4归纳整理了在同等开放度条件下，不同创新破坏度环境中"整体网"中心势指数的数值大小，以及随创新破坏度上升，中心势指数的增幅情况。

从表5.5中可以观察到，随着创新破坏度从较低水平（$\theta=0.05$）上升到中等水平（$\theta=0.25$），同等开放度条件下的中心势指数具有明显的增幅。在T_{300}时刻，除双低搜索状态（$\lambda=0.2$；$\mu=0.2$）和高宽度低深度（$\lambda=0.8$；$\mu=0.2$），其他七大搜索状态下的中心势指数增幅远超15%；在T_{600}时刻，除低宽度中深度（$\lambda=0.2$；$\mu=0.5$）和高宽度中深度（$\lambda=0.8$；$\mu=0.5$）搜索状态，其他七大搜索状态下的中心势指数增幅接近或远超15%；在T_{900}时刻，除低宽度中深度状态（$\lambda=0.2$；$\mu=0.5$），低深度（$\mu=0.2$）和高宽度（$\lambda=0.8$）搜索状态下的网络中心势指数增幅较小，在5%附近，其他搜索状态下的网络中心势指数增幅较大，接近或超过20%。

但创新破坏度的进一步上升却使中心势指数向相反的变化趋势发展。随着创新破坏度从中等低水平（$\theta=0.25$）上升到较高水平（$\theta=0.55$），不同搜索状态下的"整体网"中心势指数在演化不同阶段均有所下降，其中以中高开放度（$\lambda=0.5$，0.8；$\mu=0.5$，0.8）在演化中期和晚期阶段（T_{600}和T_{900}时刻）的降幅最为明显，分别是-10.07%、10.67%、-12.66%、-13.32%。

表 5.5

"整体网"中心势指数在不同创新破坏度环境中的数值特征

时刻	环境	开放度								
		λ=0.2 μ=0.2	λ=0.2 μ=0.5	λ=0.2 μ=0.8	λ=0.5 μ=0.2	λ=0.5 μ=0.5	λ=0.5 μ=0.8	λ=0.8 μ=0.2	λ=0.8 μ=0.5	λ=0.8 μ=0.8
T_{300}	低破坏度	0.0470	0.0401	0.0347	0.0749	0.0541	0.0449	0.0778	0.0537	0.0425
	中破坏度	0.0484 (+2.98%)	0.0438 (+18.45%)	0.0439 (+26.51%)	0.0863 (+15.22%)	0.0823 (+52.13%)	0.0613 (+36.53%)	0.0853 (+9.64%)	0.0694 (+29.24%)	0.0598 (+40.71%)
	高破坏度	0.0474 (-2.07%)	0.0438 (-7.79%)	0.0410 (-6.61%)	0.0814 (-5.68%)	0.0762 (-7.41%)	0.0626 (+2.12%)	0.0820 (-3.87%)	0.0654 (-5.76%)	0.0607 (+1.51%)
T_{600}	低破坏度	0.0403	0.0358	0.0392	0.0663	0.0538	0.0433	0.0790	0.0575	0.0466
	中破坏度	0.0533 (+32.26%)	0.0377 (+5.31%)	0.0430 (+9.69%)	0.0809 (+25.53%)	0.0675 (+25.46%)	0.0525 (+21.25%)	0.0907 (+14.81%)	0.0558 (+5.74%)	0.0476 (+25.75%)
	高破坏度	0.0519 (-2.63%)	0.0381 (+1.06%)	0.0404 (-6.05%)	0.0827 (-0.98%)	0.0607 (-10.07%)	0.0469 (-10.67%)	0.0786 (-13.34%)	0.0546 (-1.48%)	0.0598 (-1.37%)
T_{900}	低破坏度	0.0452	0.0301	0.0288	0.0824	0.0537	0.0413	0.0761	0.0588	0.0458
	中破坏度	0.0474 (+4.87%)	0.0387 (+31.89%)	0.0363 (+26.04%)	0.0858 (+4.13%)	0.0630 (+17.32%)	0.0541 (+30.99%)	0.0796 (+4.60%)	0.0616 (+4.76%)	0.0503 (+9.83%)
	高破坏度	0.0468 (-1.27%)	0.0401 (+1.01%)	0.0357 (-1.65%)	0.0865 (-0.82%)	0.0628 (-0.32%)	0.0518 (-4.25%)	0.0767 (-3.64%)	0.0538 (-12.66%)	0.0436 (-13.32%)

注：表中括号里的数字是本行数据以上一行数据为基准的变化幅度。

因此，创新破坏度对"整体网"结构权力分布等级的作用呈倒 U 型，即：在创新破坏度处在较低水平时，随着创新破坏度上升，网络权力分布等级差距增大，"整体网"垂直化组织结构趋向明显；而当创新破坏度处在中高水平时，随着创新破坏度上升，网络权力分布等级差距缩小，"整体网"垂直化组织结构趋向在一定程度上被抑制。

5.3.6 "整体网"演化过程中网络结构特征评述

创新网络"整体网"演化的大规模仿真实验结果表明，群体外部搜索宽度和深度对"整体网"结构有显著作用，而不同的创新破坏度也不同程度地影响"整体网"结构的复杂化程度。

首先，群体搜索宽度与"整体网"结构凝聚性、聚集性、可达性和权力分布等级差分别呈倒 U 型关系。当群体搜索宽度处在较低水平时，随着群体搜索宽度的上升，"整体网"的结构凝聚性、聚集性、可达性和权力分布等级差分别增大；而当群体搜索宽度处在中高水平时，随着群体搜索宽度的上升，"整体网"的结构凝聚性、聚集性、可达性和权力分布等级差纷纷保持相对稳定或小幅下降。这意味着，群体搜索宽度能够促进创新网络的结构复杂性和密集程度，但其存在一个作用"临界值"。尽管较大搜索宽度给创新企业提供了广阔的视角，使其能够接触到更多的候选合作对象，但在联系成本、企业选择偏好和内部预判机制的共同作用下，创新企业只与少部分"合适的"候选对象建立合作关系；而"合适的"候选对象数目与搜索范围之间并非线性的单调关系，不总随着搜索视野的增大而增大。

其次，群体搜索深度与"整体网"结构凝聚性、聚集性、可达性和权力分布等级差分别呈单调的负向关系，即群体搜索深度的上升促使"整体网"上述四项结构特征纷纷降低。这暗示了群体搜索深度对创新网络结构复杂性和密集程度的抑制作用。随着搜索深度的上升，创新企业能够接触到"知识源"中更深层次的知识，而由于前期的合作基础，创新企业能够充分理解和消化吸收这些深层次知识的，以快速而有效地对自身知识储备优化升级，进而提升自身创新能力和创新绩效。在这种情况下，创新企业倾向于主动维持当前的合作关系，而非投入大量时间精力去寻求新合作伙伴，网络活动的"活性"下降。因此，当群体搜索深度处在较高水平时，创新网络结构相对简单和松散。

最后，创新破坏度对"整体网"结构凝聚性、聚集性、可达性和权力分布等级差分别有倒 U 型调节作用。当创新破坏度处在较低水平时，创新破坏度的上升能够放大同等开放度条件下的"整体网"结构凝聚性、聚集性、可达性和权力分布等级，使创新网络结构更加复杂和网络联系更为密集；而当群体搜索宽度处在中高水平时，创新破坏度的上升反而使"整体网"四大基本特征属性朝相反的方向发展，创新网络的结构复杂性和密集性在一定程度上被抑制。

5.4　仿真实验结果分析：网络创新绩效

5.4.1　低创新破坏度环境中群体开放度对"整体网"创新绩效的影响

图 5.7 展示了在低创新破坏度环境下（$\theta = 0.1$），创新网络"整体网"创新绩效随群体搜索宽度（λ）和深度（μ）变化的演化特征。具体地，图 5.7（a-1）和图 5.7（a-2）分别展示了"整体网"学习绩效均值（$Ave\text{-}PKL$）和创造绩效均值（$Ave\text{-}PKC$）的演化特征；图 5.7（b-1）和图 5.7（b-2）则分别展示了"整体网"学习绩效方差（$CV\text{-}PKL$）和创造绩效方差（$CV\text{-}PKC$）的演化特征。

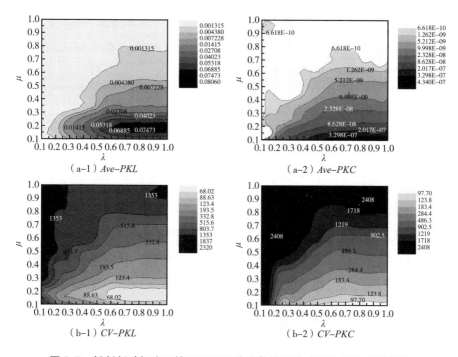

图 5.7 低创新破坏度环境下不同开放度条件下的"整体网"创新绩效

5.4.1.1 群体开放度对"整体网"创新绩效均值的影响

（1）从图 5.7（a-1）和图 5.7（a-2）中可以观察到，*Ave-PKL* 和 *Ave-PKC* 的数值普遍较小，而后者比前者更小。一方面，这个结果表明在低创新破坏度环境下，知识搜索对创新网络总体的创新产出贡献很小，企业很难在网络中通过外部知识搜索战略行为获利。另一方面，学习绩效在"整体网"创新绩效中的比重远大于创造绩效，这意味着企业从事外部知识搜索活动主要以低阶的"相互学习"为主，而高阶的"知识共创"较少涉及，"整体网"的发展潜力不高。

（2）*Ave-PKL* 和 *Ave-PKC* 等数值曲线对 μ 轴的斜率总体上高于对 λ 轴的斜率，即"整体网"创新绩效对企业群体搜索深度的变化更敏感。这表明，在低创新破坏度环境下，相较于建立新联系，企业更倾向于维持和加强既有联系以进行更深层次的知识学习。

（3）*Ave-PKL* 和 *Ave-PKC* 的变化趋势具有一定的相似性。一方面，*Ave-PKL* 与 λ 呈倒 U 型关系：*Ave-PKL* 随 λ 变化的拐点在 λ = 0.5 和 λ = 0.6 之间；当 μ 取值相对较低时，μ ∈ （0.1，0.5），*Ave-PKL* 先随着 λ 同步增大，而后保持相对稳定；当 μ 取值相对较高时，μ > 0.6，*Ave-PKL* 处于低数值水平，不随 λ 的变化而变化。而 *Ave-PKL* 也与 μ 呈倒 U 型关系：*Ave-PKL* 随 μ 变化的拐点在 μ = 0.2 附近。伴随着 μ 值上升，*Ave-PKL* 起初明显上扬，随后缓慢下降。值得注意的是，λ 越大，*Ave-PKL* 与 μ 之间的倒 U 型关系越显著。

另一方面，*Ave-PKC* 与 λ 呈倒 U 型关系，*Ave-PKC* 随 λ 变化的拐点在 λ = 0.5 附近。随着 μ 下降，*Ave-PKC* 与 λ 之间的倒 U 型关系越来越显著。而 *Ave-PKC* 与 μ 之间则呈现出负相关关系，*Ave-PKC* 随 μ 的上升而下降。

5.4.1.2　群体开放度对"整体网"创新绩效方差的影响

图 5.7（b−1）和图 5.7（b−2）则分别展示了"整体网"创造绩效和创造绩效方差，即 *CV-PKL* 和 *CV-PKC*，随企业群体开放度（λ 和 μ）的演化特征。总体来看，*CV-PKL* 和 *CV-PKC* 表现出相似的变化趋势。

首先，*CV-PKL* 与 λ 和 μ 分别呈 U 型关系，且 *CV-PKL* 随 λ 和 μ 变化的拐点与 *Ave-PKL* 随 λ 和 μ 变化的拐点相似，分别是 λ 取值在 0.5～0.6 之间，μ 取值在 0.2 附近。具体地，*CV-PKL* 与 λ 的 U 型关系表现为，*CV-PKL* 先随着 λ 的增长而下降，而后保持相对稳定。*CV-PKL* 与 μ 的 U 型关系表现为，*CV-PKL* 最初随着的 μ 增长而小幅度下降，而后显著上扬。

其次，*CV-PKC* 与 λ 呈 U 型关系，而与 μ 呈正相关关系。具体地，*CV-PKC* 与 λ 的 U 型关系表现为，*CV-PKC* 先随着 λ 的增长而下降，而后保持相对稳定，*CV-PKC* 变化拐点与 *Ave-PKC* 随 λ 变化的拐点相似，在 λ = 0.5 附近。而 *CV-PKC* 与 μ 的呈向相关关系，当 μ 增大，*CV-PKC* 也同步上升。

5.4.1.3 群体开放度与"整体网"创新绩效关系小结

综合以上分析，图5.7所展示的仿真实验结果表明，在低创新破坏度环境下，当企业群体都处于相对封闭和保守状态时，群体开放度的小幅度提升会显著刺激创新网络总体创新产出的增长；当企业群体都总体上较为开放和激进时，群体开放度的增加对"整体网"的创新产出影响不大。

因此，在低创新破坏度环境下，企业相对保守的外部搜索战略和行为方式对创新网络总体创新产出更为有利，应该被大力提倡。

5.4.2 中等创新破坏度环境中群体开放度对"整体网"创新绩效的影响

图5.8展示了在中等创新破坏度环境下（$\theta=0.35$），创新网络"整体网"创新绩效随企业群体搜索宽度（λ）和深度（μ）变化的演化特征。具体地，图5.8（a-1）和图5.8（a-2）分别展示了"整体网"学习绩效均值（Ave-PKL）和创造绩效均值（Ave-PKC）的演化特征；图5.8（b-1）和图5.8（b-2）则分别展示了"整体网"学习绩效方差（CV-PKL）和创造绩效方差（CV-PKC）的演化特征。

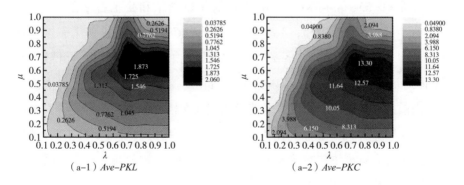

（a-1）Ave-PKL   （a-2）Ave-PKC

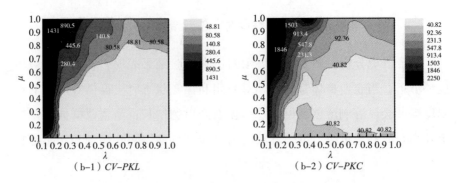

图5.8　中等创新破坏度环境下不同开放度条件下的"整体网"创新绩效

5.4.2.1　群体开放度对"整体网"创新绩效均值的影响

（1）从图5.8（a-1）和图5.8（a-2）中可以观察到，*Ave-PKL* 和 *Ave-PKC* 在中等创新破坏度环境下的数值远远大于其在低破坏度环境下的数值，如图5.7（a-1）和图5.7（a-2）所示，且 *Ave-PKC* 明显高于 *Ave-PKL*。这表明，相较于低创新破坏度环境，在中等创新破坏度环境下，企业群体的外部知识搜索行为对创新网络总体创新产的贡献极为可观，且主要体现在企业间新知识共创方面，网络总体的发展潜力较大。

（2）在（λ，μ）二维空间的不同区域中，系统"整体网"创新绩效均值对群体开放度变化表现出不同的敏感性。在（λ，μ）二维空间左半区，即 $\lambda < 0.55$，*Ave-PKL* 和 *Ave-PKC* 的 λ 轴斜率和 μ 轴斜率介于 $0 \sim 1$；而在右半区，即 $\lambda > 0.55$，*Ave-PKL* 和 *Ave-PKC* 等数值曲线则几乎与 λ 轴平行，即 λ 对 *Ave-PKL* 和 *Ave-PKC* 无显著影响。这意味着，群体开放度对"整体网"创新绩效产出的影响究竟是由宽度控制还是由深度主导取决于群体当前的开放度水平。当群体搜索宽度处在较低水平时，群体搜索宽度和深度在"整体网"创新产出提升的过程中，均扮演了举足轻重的角色。而当群体搜索宽度维持在较高水平时，"整体网"的创新产出主要受群体搜索深度影响，群体搜索宽度的影响很微弱。

（3）*Ave-PKL* 和 *Ave-PKC* 的变化趋势具有一定的相似性，都分别与 λ

和 μ 呈倒 U 型关系。一方面，Ave-PKL 与 λ 呈倒 U 型关系：Ave-PKL 先随着 λ 同步上升，而后保持相对稳定；Ave-PKL 随 λ 变化的拐点在 $\lambda = 0.7$ 附近。Ave-PKL 与 μ 也呈倒 U 型关系：伴随着 μ 值上升，Ave-PKL 起初明显上扬而后下降；Ave-PKL 随 μ 变化的拐点在 $\mu = 0.6$ 附近。

另一方面，Ave-PKC 与 λ 呈倒 U 型关系：随着 λ 上升，Ave-PKC 先增长而后保持相对稳定；Ave-PKC 随 λ 变化的拐点在 $\lambda = 0.65$ 附近。Ave-PKC 与 μ 也呈倒 U 型关系：Ave-PKC 起初随着 μ 同步上升，而后小幅下降；Ave-PKC 随 μ 变化的拐点在 $\mu = 0.6$ 附近。

5.4.2.2　群体开放度对"整体网"创新绩效方差的影响

图 5.8（b-1）和图 5.8（b-2）分别展示了"整体网"学习绩效方差（CV-PKL）和创造绩效方差（CV-PKC），随企业群体开放度（λ 和 μ）的演化特征。总体来看，CV-PKL 和 CV-PKC 的变化趋势具有一定的相似性，二者与 Ave-PKL 和 Ave-PKC 的变化趋势明显不同。

首先，CV-PKL 分别与 λ 和 μ 分别呈 U 型关系。具体地，CV-PKL 与 λ 的 U 型关系表现为，CV-PKL 先随着 λ 的增长而剧烈下降，而后保持相对稳定；CV-PKL 随 λ 变化的拐点在 $\lambda = 0.2$ 附近。CV-PKL 与 μ 的 U 型关系表现为，当 $\lambda > 0.2$ 时，随着 μ 增长，CV-PKL 最初保持相对稳定，随后小幅度上升；否则 CV-PKL 随着 μ 同步上升到一个相对稳定的数值水平；CV-PKL 随 μ 变化的拐点介于 $\mu = 0.45$ 和 $\mu = 0.7$ 之间。

其次，与 CV-PKL 相似，CV-PKC 分别与 λ 和 μ 分别呈 U 型关系。CV-PKC 随 λ 变化的拐点在 $\lambda = 0.2$ 附近，而 CV-PKC 随 μ 变化的拐点则介于 $\mu = 0.45$ 和 $\mu = 0.65$ 之间。

5.4.2.3　群体开放度与"整体网"创新绩效关系小结

"整体网"学习绩效和创造绩效在不同群体搜索开放状态下的变化趋势表明，在中等创新破坏度环境下，企业群体外部知识搜索对"整体网"创新产出有显著的刺激作用，但并非开放度越大越好。

当企业群体相对保守和封闭时，即群体搜索宽度值和深度值普遍较低，提升搜索宽度或深度都会显著刺激"整体网"创新产出增长。这对应了图5.8（a-1）和图5.8（a-2）中（λ，μ）二维空间左下四分区中随λ和μ上升的Ave-PKL和Ave-PKC。与此同时，企业个体间创新绩效差距会随开放度的增大而缩小，并维持在相对稳定的水平。这对应了图5.8（b-2）和图5.8（b-2）中（λ，μ）二维空间左下四分区中随λ和μ下降的CV-PKL和CV-PKC。

当企业群体的搜索宽度值较低而搜索深度值较高时，增加搜索宽度会显著提升"整体网"创新产出，但增加搜索深度却会使"整体网"创新产出下降。这对应了图5.8（a-1）和图5.8（a-2）中（λ，μ）二维空间左上四分区中随λ上升和随μ下降的Ave-PKL和Ave-PKC。与此同时，企业个体间创新绩效差距会随搜索宽度的增大而扩大。这对应了图5.8（b-2）和图5.8（b-2）中（λ，μ）二维空间左上四分区中随λ和μ上升的CV-PKL和CV-PKC。

当企业群体的搜索宽度值较高而搜索深度值较低时，增加搜索宽度对"整体网"创新产出无明显影响，而增加搜索深度会显著提升"整体网"创新产出。这对应了图5.8（a-1）和图5.8（a-2）中（λ，μ）二维空间右下四分区中随λ无显著变化和随μ上升的Ave-PKL和Ave-PKC。与此同时，企业个体间创新绩效差距会随搜索深度的增大而缩小至一个相对稳定的数值水平。这对应了图5.8（b-2）和图5.8（b-2）中（λ，μ）二维空间右下四分区中随λ无明显变化和μ下降的CV-PKL和CV-PKC。

当企业群体相对开放和激进时，即群体搜索宽度值和深度值普遍较高，增加搜索宽度或搜索深度不仅不会刺激"整体网"创新产出提升，反而会使其下降。这对应了图5.8（a-1）和图5.8（a-2）中（λ，μ）二维空间右上四分区中随λ和随μ小幅下降的Ave-PKL和Ave-PKC。与此同时，网络内会出现两极分化趋势，少数企业受益于群体开放度提升而表现优异，但绝大多数企业的创新绩效却是稳中有降，企业间差距扩大。这对应了图5.8（b-2）和图5.8（b-2）中（λ，μ）二维空间右上四分区中随λ和随μ上升的 *CV-PKL* 和 *CV-PKC*。

5.4.3 高创新破坏度环境中群体开放度对"整体网"创新绩效的影响

图5.9展示了在高创新破坏度环境下（θ=0.65），创新网络"整体网"创新绩效随企业群体搜索宽度（λ）和深度（μ）变化的演化特征。具体地，图5.9（a-1）和图5.9（a-2）分别展示了"整体网"学习绩效均值（*Ave-PKL*）和创造绩效均值（*Ave-PKC*）的演化特征；图5.8（b-1）和图5.8（b-2）则分别展示了"整体网"学习绩效方差（*CV-PKL*）和创造绩效方差（*CV-PKC*）的演化特征。

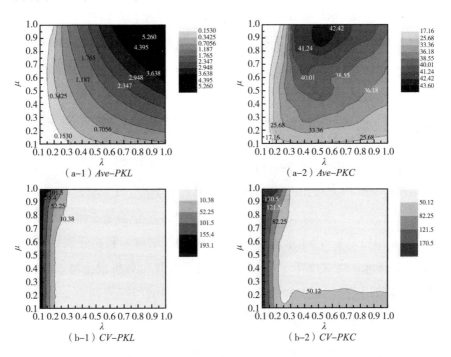

图5.9 高创新破坏度环境下不同开放度条件下的"整体网"创新绩效

5.4.3.1 群体开放度对"整体网"创新绩效均值影响

首先，从图 5.9（a-1）和图 5.9（a-2）中可以观察到，*Ave-PKL* 和 *Ave-PKC* 在高创新破坏度环境下的数值远远大于其在中等破坏度环境和低破坏度环境下的数值，如图 5.7（a-1）、图 5.7（a-2）、图 5.8（a-1）、图 5.8（a-2）所示，且 *Ave-PKL* 远远小于 *Ave-PKC*。这表明，相较于在中等创新破坏度环境和低创新破坏度环境，在高创新破坏度环境下，企业群体外部知识搜索行为对"整体网"创新绩效影响量级最大，在群体外部知识搜索行为驱动下，创造绩效在系统整体创新产出中占绝大比例——达九成以上，此时系统具有极强的发展潜力。

其次，在（λ，μ）二维空间的不同区域中，"整体网"创新绩效均值对群体开放度变化表现出不同的敏感性。在（λ，μ）二维空间近左区域，即 $\lambda < 0.25$，*Ave-PKL* 和 *Ave-PKC* 的等数值曲线几乎与 μ 轴平行，λ 是影响 *Ave-PKL* 和 *Ave-PKC* 数值变化唯一有效的参数。而在余下区域，*Ave-PKL* 对 λ 轴斜率和 μ 轴斜率介于 0~1 之间，λ 和 μ 共同控制 *Ave-PKL* 的变化趋势；对 *Ave-PKC* 而言，其对 λ 轴的斜率小于对 μ 轴的斜率，因此 μ 是影响 *Ave-PKC* 变化的主要参数。这表明，在高创新破坏度环境下，企业群体开放度的对"整体网"创新产出的影响是由搜索宽度主导还是由搜索深度主导，取决于企业群体当前的开放情况。

最后，*Ave-PKL* 和 *Ave-PKC* 随企业群体搜索宽度（λ）和深度（μ）波动的变化趋势，二者差距较大。*Ave-PKL* 与 λ 和 μ 分别呈正相关关系，随着 λ 和 μ 增加，*Ave-PKL* 单调上升。而 *Ave-PKC* 则与 λ 和 μ 分别呈倒 U 型关系。具体地，当 λ 上升，*Ave-PKC* 先同步上升而后缓慢下降，*Ave-PKC* 随 λ 变化的拐点在 $\lambda = 0.65$ 附近；当 μ 上升，*Ave-PKC* 先同步上升而后保持相对稳定，*Ave-PKC* 随 μ 变化的拐点在 $\mu = 0.8$ 附近。

5.4.3.2 群体开放度对"整体网"创新绩效方差影响

图 5.9（b-1）和图 5.9（b-2）分别展示了"整体网"学习绩效和

创造绩效方差，即 *CV-PKL* 和 *CV-PKC*，随企业群体开放度（λ 和 μ）的演化特征。总体来看，*CV-PKL* 和 *CV-PKC* 的变化趋势具有一定的相似性。

首先，*CV-PKL* 和 *CV-PKC* 的等数值曲线几乎与 μ 轴平行，表明 *CV-PKL* 和 *CV-PKC* 变化主要受 λ 控制，而 μ 对 *CV-PKL* 和 *CV-PKC* 的变化几乎无影响。

其次，*CV-PKL* 和 *CV-PKC* 分别与 λ 呈 U 型关系：当 λ 上升，*CV-PKL* 和 *CV-PKC* 先剧烈下降，而后保持相对稳定，*CV-PKL* 和 *CV-PKC* 随 λ 变化的拐点在 $\lambda = 0.25$ 附近。

5.4.3.3 群体开放度与"整体网"创新绩效关系小结

"整体网"学习绩效和创造绩效在不同群体搜索开放状态下的变化趋势表明，在高创新破坏度环境下，企业群体外部知识搜索对"整体网"创新产出有显著积极影响，且大多数情况下，开放度越大越好。企业群体在搜索深度或宽度上的提升会刺激"整体网"创新绩效的增长。具体地：

"整体网"学习绩效会随开放度的增加而同步增大，这呼应了图5.9（a-1）中随 λ 和 μ 上升的 *Ave-PKL*。与此同时，企业间学习绩效的差异会同步缩小，这呼应了图5.9（b-1）中随 λ 和 μ 下降至相对稳定的低数值水平的 *CV-PKL*。

在大多数情况下，"整体网"创造绩效会随群体开放度的增加显著上升，这呼应了图5.9（a-2）中随 λ 和 μ 倒 U 型增长的 *Ave-PKL*。在"整体网"创造绩效上升的同时，企业间知识创造的差距会有小幅缩小，这呼应了图5.8（b-2）中 *CV-PKC* 的变化趋势，即：先随 λ 和 μ 剧烈下降，而后保持相对稳定。

5.4.4 创新破坏度的调节效应

此节结合 5.4.1 ~ 5.4.3 节的仿真实验结果，进一步分析创新破坏度对"整体网"创新绩效的调节效应，即探讨创新破坏度是如何调节"群体知识开放度（λ 和 μ）—"整体网"创新绩效均值（Ave-PKL 和 Ave-PKC)"关系的。

5.4.4.1 创新破坏度对"群体开放度—整体网学习绩效"关系的调节

表 5.6 展示了在三种典型创新破坏度环境下，"整体网"学习绩效均值（Ave-PKL）随企业群体知识开放度的变化趋势（λ 和 μ）。

表 5.6　　　　"整体网"学习绩效均值随群体开放度变化趋势

项目	低创新破坏度环境 （$\theta = 0.10$） Ave-PKL	中等创新破坏度环境 （$\theta = 0.35$） Ave-PKL	高创新破坏度环境 （$\theta = 0.65$） Ave-PKL
群体搜索宽度 （λ）↑	↗ → 拐点 $\lambda = 0.55$ 附近	↗ → 拐点在 $\lambda = 0.70$ 附近	↗ ——
群体搜索深度 （μ）↑	↗ ↘ 拐点在 $\mu = 0.20$ 附近	↗ ↘ 拐点在 $\mu = 0.60$ 附近	↗ ——
数值范围	(0, 0.0812)	(0.0324, 2.071)	(0.149, 5.283)

首先，从中可以观察到，群体搜索宽度（λ）对"整体网"学习绩效均值（Ave-PKL）的作用均表现为"非负向"影响：

（1）在低创新破坏度环境下，Ave-PKL 随 λ 呈"上凸曲线"增长态势，即先随 λ 上升，上升速率逐渐递减，后保持相对稳定，Ave-PKL 随 λ 变化的拐点在 $\lambda = 0.55$ 附近。

（2）在中等创新破坏度环境下，Ave-PKL 也随 λ 呈"上凸曲线"增长态势，且 Ave-PKL 随 λ 变化的拐点，相较于低破坏度环境下的拐点，向右移动，邻近 $\lambda = 0.70$。

（3）在高创新破坏度环境下，Ave-PKL 则随 λ 呈"单调"增长态势，上面（1）和（2）中分别提及的 Ave-PKL 随 λ 变化拐点在 λ 数值区间（0, 1）"消失不见"，或进一步向右移动以至于突破 λ 的上界，以至于无法在区间（0, 1）体现。

因此，创新破坏度对"搜索宽度—整体网学习绩效均值"关系的调节效应为：破坏度能够延伸（prolong）群体搜索宽度对"整体网"学习绩效均值的正向影响范围。

其次，从表5.6还可以发现，在不同创新破坏度环境下，群体搜索深度（μ）对"整体网"学习绩效均值（$Ave\text{-}PKL$）的影响存在较大差别：

（1）在低创新破坏度环境下，随着μ上升，$Ave\text{-}PKL$表现出倒U型演化轨迹，即先增长后下降，$Ave\text{-}PKL$随μ变化的拐点在$\mu=0.20$附近。

（2）在中等创新破坏度环境下，随着μ上升，$Ave\text{-}PKL$也表现出倒U型演化轨迹，而$Ave\text{-}PKL$随μ变化的拐点，相较于低破坏度环境下的拐点，向右移动，邻近$\mu=0.60$。

（3）在高创新破坏度环境下，$Ave\text{-}PKL$随μ表现出"单调"增长态势，上面（1）和（2）中分别提及的$Ave\text{-}PKL$随μ变化拐点在μ数值区间（0，1）"消失不见"，或进一步向右移动以至于突破μ的上界，无法在区间（0，1）体现。

因此，创新破坏度对"搜索深度—整体网学习绩效均值"关系的调节效应为：延伸群体搜索深度对"整体网"学习绩效均值的正向影响范围。

此外，随着创新破坏度的增大，"整体网"学习绩效均值（$Ave\text{-}PKL$）数值显著放大：在低创新破坏度环境下，即$\theta=0.10$，$Ave\text{-}PKL$在数值区间（0，0.0812）波动；在中等创新破坏度环境下，即$\theta=0.35$，$Ave\text{-}PKL$在数值区间（0.0324，2.071）波动；在高创新破坏度环境下，即$\theta=0.65$，$Ave\text{-}PKL$在数值区间（0.149，5.283）波动。因此，在延伸群体开放度对"整体网"学习绩效均值正向影响范围的同时，创新破坏度还放大（augment）了该正向影响的影响力度。

综合以上分析，创新破坏度对"群体开放度—整体网学习绩效均值"关系的调节效应如图5.10所示。

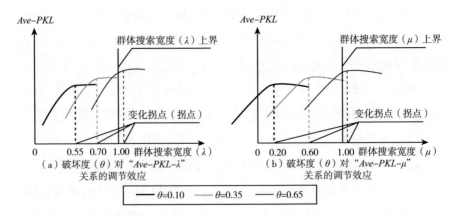

图 5.10　创新破坏度对"群体开放度—整体网学习绩效均值"关系的调节

5.4.4.2　创新破坏度对"群体开放度—整体网创造绩效"关系的调节

表 5.7 展示了在三种典型创新破坏度环境下，"整体网"创造绩效均值（$Ave\text{-}PKC$）随企业群体知识开放度的变化趋势（λ 和 μ）。它与表 5.6 所展示的内容相似。

表 5.7　　　　"整体网"创造绩效均值随群体开放度变化趋势

项目	低创新破坏度环境 （$\theta = 0.10$） $Ave\text{-}PKC$	中等创新破坏度环境 （$\theta = 0.35$） $Ave\text{-}PKC$	高创新破坏度环境 （$\theta = 0.65$） $Ave\text{-}PKC$
群体搜索宽度 （λ）↑	↗ → 拐点 $\lambda = 0.50$ 附近	↗ → 拐点 $\lambda = 0.65$ 附近	↗ → 拐点 $\lambda = 0.65$ 附近
群体搜索深度 （μ）↑	↘ ——	↗ ↘ 拐点在 $\mu = 0.60$ 附近	↗ ↘ 拐点在 $\mu = 0.80$ 附近
数值范围	$(0, 4.344E - 07)$	$(0.0476, 13.532)$	$(16.86, 43.88)$

首先，从表 5.7 可以观察到，群体搜索宽度（λ）对"整体网"创造绩效均值（$Ave\text{-}PKC$）的作用均表现为"非负向"影响：

（1）在低创新破坏度环境下，$Ave\text{-}PKC$ 随 λ 呈"上凸曲线"增长态势，即先随 λ 上升，上升速率逐渐递减，后保持相对稳定，Ave-PKC 随 λ 变化的拐点在 $\lambda = 0.5$ 附近。

（2）在中等创新破坏度环境下，同低破坏度环境情况类似，Ave-PKC 也随 λ 呈"上凸曲线"增长态势，Ave-PKC 随 λ 变化的拐点向右移动，邻近 $\lambda = 0.65$。

（3）在高创新破坏度环境下，同前两种典型破坏度情况类似，Ave-PKC 也随 λ 呈"上凸曲线"增长态势，Ave-PKC 随 λ 变化的拐点位置与中等破坏度情况下的拐点位置邻近，都在 $\lambda = 0.65$ 附近。

因此，创新破坏度对"群体搜索宽度—整体网创造绩效均值"关系的调节效应为：延伸群体搜索宽度对"整体网"创造绩效均值的正向影响范围。

其次，从表5.7还可以发现，在不同创新破坏度环境下，群体搜索深度（μ）对"整体网"创造绩效均值（Ave-PKC）的影响存在较大差别：

（1）在高创新破坏度环境下，随着 μ 上升，Ave-PKC 表现出倒 U 型增长态势，即先上升，上升速率逐渐递减，后逐渐下降；Ave-PKL 随 μ 变化的拐点在 $\mu = 0.80$ 附近。

（2）在中等创新破坏度环境下，随着 μ 上升，Ave-PKC 表现出倒 U 型增长态势，而 Ave-PKC 随 μ 变化的拐点，相较于高破坏度环境下的拐点，向左移动，邻近 $\mu = 0.65$。

（3）在低创新破坏度环境下，Ave-PKC 随着 μ 呈现单调下降态势；上面（1）和（2）中分别提及的 Ave-PKC 随 μ 变化拐点在 μ 数值区间（0，1）"消失不见"，或进一步向左移动以至于突破 μ 的下界，无法在区间（0，1）体现。

因此，创新破坏度对"群体搜索深度—整体网创造绩效均值"关系的调节效应为：延伸群体搜索深度对"整体网"创造绩效均值的正向影响范围。

此外，随着创新破坏度的增大，"整体网"创造绩效均值（Ave-PKL）数值显著放大：在低创新破坏度环境下，即 $\theta = 0.1$，Ave-PKC 在数值区间

（0，4.344E－07）波动；在中等创新破坏度环境下，即 $\theta=0.35$，Ave-PKC 在数值区间（0.0476，13.532）波动；在高创新破坏度环境下，即 $\theta=0.65$，Ave-PKC 在数值区间（16.86，43.88）波动。因此，在延伸群体开放度对"整体网"创造绩效均值正向影响范围的同时，环境破坏度还放大了该正向影响的影响力度。

综合以上分析，创新破坏度对"群体开放度—网络创新网络创造绩效均值"关系的调节效应如图 5.11 所示。

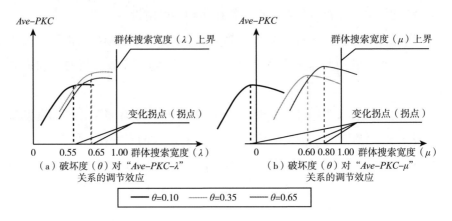

图 5.11 创新破坏度对"群体开放度—整体网创造绩效均值"关系的调节

5.4.5 "整体网"演化过程中网络创新绩效特征评述

群体开放度对"整体网"创新绩效有显著促进作用，但群体开放度对"整体网"创新绩效的促进程度受网络创新环境所调节。值得注意的是，创新破坏度在某种程度上与网络所在产业的产业技术生命周期密切相关。

通常情况下，高创新破坏度对应产业技术形成之初的爆发期，在此阶段，产业技术发展速度极快，创新网络中的技术创新主要以产品创新为主，即大量新产品或新服务不断涌现；中等创新破坏度对应产业技术标准和规范确立之后的技术稳定发展期，在此阶段，产业技术发展速度较快，创新网络中产品创新和过程创新并举，共同促进产业技术和网络升级；低创新破坏度对应产业技术成熟期；在此阶段，产业技术进步空间较小，创新网络中的技术创新更多地表现为过程创新。

创新网络"整体网"创新绩效特征的分析结果对开放式创新政策制定具有一定的启示意义：对创新网络而言，不存在放之四海而皆准的"万能"开放式创新战略行为，只有与当前产业技术发展阶段和网络创新环境相匹配的"适配"开放式创新战略行为，如图 5.12 所示。

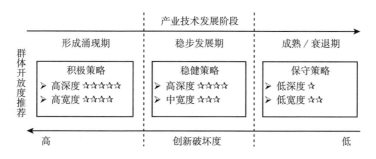

图 5.12　群体开放式创新策略推荐

在产业技术形成之初的涌现阶段，创新网络的创新破坏度较高，网络中游离了大量的产品创新机会和机遇，网络潜在的创新产出规模较为可观，上升空间较大。此时，政府创新政策应主要关注如何全面提升创新网络创新产出问题；而较高的企业群体创新绩效均值则是此阶段创新政策追逐的目标。在5.4.3节中，高创新破坏度环境中"整体网"创新绩效数值特征分析结果显示，群体搜索深度与宽度分别与网络创新绩效均值呈正向关系。这表明，在产业技术涌现阶段，较高水平的群体开放度有利于创新网络创新产出的全面提升。因此，开放式创新政策应偏向"积极型"，即在创新网络中，提倡和鼓励个体企业（进一步）开放边界，刺激群体搜索深度和宽度维持在较高水平上。

当产业技术步入稳定发展期，伴随主导产品设计（dominant product design）的形成和确立，创新环境破坏度逐渐回落至中等水平，创新网络中技术创新由"以产品创新为主导"转变为"产品创新和过程创新并举"，网络创新产出稳步提升。此时，政府创新政策应主要关注创新网络中的超常规成长问题，即如何扶植具有实现超高创新绩效产出潜力的"优质企业"，进而为创新网络引入新的增长点和打开新发展空间；而较大的企业群体创新绩效方差和中高水平的企业群体创新绩效均值则是此阶段创新政策追逐的目标。在 5.4.2 节中，中等创新破坏度环境中"整体网"创新绩效数值特征分析结果显示，群体搜索深度和深度分别与"整体网"创新绩效均值和方差呈倒 U 型关系。这表明，当产业技术步入稳定发展阶段，中等水平的群体开放度有利于创新网络创新产出的全面提升。因此，开放式创新政策应转向"稳健型"，即在创新网络中，适度鼓励个体企业开放边界，使群体搜索深度和宽度维持在适中水平上。

当产业技术步入成熟阶段，随着相关技术创新惯例化趋势和程度不断加深，创新环境破坏度进一步下降至较低水平，技术创新更多地表现为渐进式的过程创新。这意味着，尽管创新网络总体的创新产出规模较大，但网络潜在的创新发展空间已所剩无几。在这个阶段，政府创新政策应主要关注如何维持创新网络当前的高产出状态；而较高的企业群体创新绩效均值和较小的企业群体绩效方差是此阶段创新政策追逐的目标。在 5.4.1 节中，低创新破坏度环境中"整体网"创新绩效数值特征分析结果显示，"整体网"创新绩效均值普遍较低，随着开放度的变化而在数值 0 附近小幅波动；群体搜索宽度与"整体网"创新绩效方差呈倒 U 型关系，而群体搜索深度则与"整体网"创新绩效方差呈单调负向关系。这表明，当产业技术步入成熟阶段，较低水平的群体开放度有利于创新网络竞争优势的维持。因此，政府政策应转向"保守型"，即在网络中，大力缩减政策对企业开放式创新行为的扶持力度，使企业群体的搜索宽度和深度在市场机制调控下整体维持在较低水平。

5.5　本章小结

　　本章从 CAS 理论视角出发，应用主体建模仿真方法，研究在不同创新破坏度环境下，创新网络"整体网"演化过程中的网络结构动态特征和网络创新绩效数值特征。研究结果显示，企业群体搜索宽度和深度分别显著地影响"整体网"的网络结构和网络创新绩效，但宽度和深度的影响效果受创新破坏度调节。

本章从凝聚性、聚集性、可达性和权力分布四方面来考察"整体网"的网络结构，研究表明：群体搜索宽度与"整体网"结构这四方面的等级差分别呈倒 U 型关系；群体搜索深度与"整体网"结构这四方面的等级差分别呈单调的负向关系；创新破坏度对"整体网"结构这四方面的等级差分别有倒 U 型调节作用。

在网络创新绩效方面，本章选择知识学习绩效和知识创造绩效两方面，从产业技术发展三个不同阶段进行分析。研究得出：总体上看，群体搜索宽度和群体搜索深度分别与"整体网"创新绩效均值之间呈倒 U 型关系；群体搜索宽度和群体搜索深度分别与"整体网"创新绩效方差之间呈负向关系；创新破坏度能够放大和延长群体搜索宽度和深度对"整体网"创新绩效均值的正向作用。

第 6 章

基于 CAS 理论的创新网络
"个体网"演化仿真研究

本章基于 CAS 理论,对创新网络"个体网"的演化规律进行主体建模仿真研究。在 CAS 理论视角下,"个体网"是在企业个体开放式创新行为"分力"驱动下演化发展的。因此,在"个体网"演化研究中:自变量是个体企业知识搜索的宽度和深度,即"个体搜索宽度"和"个体搜索深度";调节变量是"整体网"创新环境的创新破坏度;因变量是"个体网"网络结构和网络创新绩效。

本章从网络规模和强度两方面考察"个体网"结构。"个体网"创新绩效也是个体企业的合作创新绩效,包括知识学习和知识创造绩效两部分。本章运用企业个体在一段时间范围内的合作创新绩效均值和绩效方差两大指标,评价"个体网"创新绩效。绩效均值反映了个体企业开放式创新能力的一般/平均水平,绩效方差则体现了个体企业通过实施开放式创新战略以实现极端绩效的可能性。

此外,出于对模型简化和降低不必要复杂性的考虑,本章将模型中所涉及的其他重要因素,包括个体企业知识互补性和吸收能力视为常量;将企业合作伙伴选择偏好默认为各种选择偏好等概率发生。

6.1　模型构建

根据第 3 章中形成的研究框架，以及第 4 章对开放式创新行为驱动的创新网络演化机制的分析，本章基于 CAS 理论，应用主体建模思想，设计创新网络"个体网"演化的仿真模型。

创新网络"个体网"演化是个体企业外部知识搜索行为的结果，成员个体的"分力"行为特征决定"个体网"演化轨迹，因此，在制度环境因素调节的"企业开放式创新行为—创新网络演化"框架（见图 3.1）中，自变量"搜索宽度"指的是个体外部知识搜索宽度；自变量"搜索深度"指的是个体外部知识搜索深度。

6.1.1　模型描述

（1）企业"个体网"演化是创新网络"整体网"演化的重要组成部分，其演化轨迹取决于企业个体的开放式创新行为，并受网络所处的产业技术环境特征——技术创新破坏度影响。在创新网络中，一群来自同一产业或相关产业的高科技中小企业，根据自身的知识储备和资源禀赋情况，维持和调整自身的开放宽度和深度。此外，创新网络对应了一个抽象的知识空间，网络中每一个个体企业在知识空间中都占据一个"知识位置"。

（2）企业依照自身的开放度开展外部知识搜索活动，与目标知识源建立网络联系，进而促进自身创新能力发展。首先，企业通过网络联系从知识源处学习互补性的知识，以优化和升级自身知识储备。一般情况下，强联系能够促进企业从目标知识源获取更多互补性知识。在"知识学习"过程中，企业在知识空间中的位置发生改变：随着企业知识基础与知识源知识基础的相似度提升，企业缩短了其与知识之间的知识距离。在这一过程中，企业知识位置的改变量反映其创新过程中的"学习绩效"。

随后，在"知识学习"的基础上，企业进一步谋求创造新知识，以扩大竞争优势。一般情况下，企业从知识源处获取的互补性知识越多，其自身知识基础优化升级的程度就越深，进而其创造新知识的可能性也相应提升。与"知识学习"相比，"知识创造"会打破知识空间当前位置分布情况：所有的"非创造者"都会从原始位置脱离，被动地转移到"新位置"。在这一过程中，所有"非创造者"知识位置改变量的总和反映了"创造者"创新过程中的"创造绩效"。

（3）企业个体在进行外部知识搜索行为过程时，遵循以下规则：

第一，搜索宽度和知识互补性共同决定了企业个体的知识搜索范围。其中，开放宽度限定了企业个体外部搜索的最大半径，体现了其外部知识搜索范围的上边界，而知识互补性则进一步限定了企业个体外部知识搜索的最小半径，体现了其外部搜索范围的下边界。

第二，"互利互惠"和规避风险的合作偏好共同决定了企业个体外部知识搜索行为最终的合作伙伴选择和联系建立决策。

6.1.2　模型抽象

6.1.2.1　知识空间、知识位置、知识距离

创新网络是由一组固定数目的企业个体组成的具有复杂适应系统特征的网络组织，每一个企业成员都是一个网络的"节点"，企业个体间的合作关系则是节点间的"连线"。"连线"是有方向的，由"搜索者"指向"知识源"，与知识流动的方向相反。

创新网络同时也对应了一个抽象的 $[0,1] \times [0,1]$ 二维向量知识空间。网络中每一个企业节点在知识空间中都有自己的位置，可用一有理数对 (x_i, y_i) 表示。其中 $0 \le x_i, y_i \le 1$，且 x_i 和 y_i 的绝对值大小不意味着

该节点在对应知识维度的知识存量多少。特别地,在知识空间中,企业节点 i 和 j 的距离为:

$$d_{ij} = \sqrt{\left(\frac{1}{2} - \left|\frac{1}{2} - |x_i - x_j|\right|\right)^2 + \left(\frac{1}{2} - \left|\frac{1}{2} - |y_i - y_j|\right|\right)^2}$$

$$(6-1)$$

6.1.2.2 联系中的创新事件和创新绩效

1. 知识学习事件与学习绩效

在一条联系中,成功的"学习事件"会改变知识学习者在知识空间中的位置:当"搜索者" i 从知识源 j 中成功获取知识时, i 提升了其与 j 在知识储备方面的相似性,即二者在知识空间中的距离缩短。在本章的模型中,在 t 时刻,"搜索者" i 从"知识源" j 中学习知识的"学习"事件对 i 知识位置的改变遵从:

$$\begin{cases} x_i^{t+1} = \alpha \cdot \mu(t)_{i \leftarrow j} \cdot x_j^t + (1 - \alpha \cdot \mu(t)_{i \leftarrow j}) x_i^t \\ y_i^{t+1} = \alpha \cdot \mu(t)_{i \leftarrow j} \cdot y_j^t + (1 - \alpha \cdot \mu(t)_{i \leftarrow j}) y_i^t \end{cases}$$

$$(6-2)$$

其中,常量参数 $\alpha \in (0, 0.5)$,代表网络中企业节点的吸收能力; $\mu(t)_{i \leftarrow j} \in (0, D_i]$,代表 t 时刻联系" i(搜索者) $\leftarrow j$(知识源)"的强度; $D_i \in (0, 1]$,为 i 的搜索深度。

相应地, i 在 t 时刻的知识学习绩效为:

$$PKL_i^t = \sqrt{(\Delta x_i^t)^2 + (\Delta y_i^t)^2}$$

$$(6-3)$$

2. 知识创造事件与创造绩效

在一条联系中,当"搜索者" i 完成对"知识源" j 的知识的消化吸收之后,就会努力完成知识搜索的更高级目标——成为"创造者",产生新知识,以实现更高级的成长发展。一个成功的"知识创造事件",不仅能够为企业带来新的增长点,还增加了创新网络中的总体知识存量,反映在对应的知识空间上,则表现为其中全部企业节点的知识位置分布的改变。

在一条联系中发生的"知识创造事件"对"知识源"j和非直接参与合作创新的"第三方"k的影响力主要取决于两大影响因素。首先是与"创造者"i的知识距离。直观地，k与j距离i越近，所受到的影响就越明显，在知识空间中的位置被改变的程度就越大。其次是创新网络所处的产业技术创新破坏度。一般情况下，创新破坏度θ越高，新知识在网络中产生的影响也就越大，即改变网络中知识竞争格局。通过"知识源"j和非直接参与合作创新的"第三方"k知识位置的改变量，可以测度出"创造者"i的知识创造绩效。

在t时刻，一个"知识创造事件"对"创新者"在知识空间中的横坐标和纵坐标施加的最大影响可表示为：

$$\left| \Delta x_{k-\max} \right| = \left| \Delta y_{k-\max} \right| = \psi_k$$
$$= \varepsilon \cdot \ln(1 + \mu_{i \leftarrow j}) \exp(-d_{ik}/\theta) \quad (6-4)$$

其中，d_{ik}是"非创造者"k与"创造者"i的知识距离，按照式（6-1）计算；常量$\varepsilon \in (0, 1)$，是一个规模控制参数，为了方便控制"知识创造事件"对企业节点位置改变的最大影响规模，以防止企业节点超出知识空间的"边界"；$\theta \in (0, 1)$，为创新破坏度。

"非创造者"k实际的横纵坐标改变量Δx_k和Δy_k，分别服从分布函数为$U(-\psi_k, \psi_k)$的均匀分布。因此，"非创造者"k实际的知识位置改变量$\sqrt{\Delta x_k^2 + \Delta y_k^2}$服从分布函数为$U[0, \sqrt{2}\psi_k)$的均匀分布。相应地，"创造者"$i$在$t$时刻的知识创造绩效为：

$$PKC_i^t = \sum_{k \neq i}^{N} \sqrt{\Delta x_k^2 + \Delta y_k^2} \quad (6-5)$$

"创造者"i在t时刻的知识创造绩效期望为：

$$E[PKC_i^t] = \sum_{k \neq i}^{N} E[\sqrt{\Delta x_k^2 + \Delta y_k^2}] = \frac{\sqrt{2}}{2} \cdot \sum_{k \neq i}^{N} \psi_k \quad (6-6)$$

6.1.2.3 企业个体外部知识搜索过程

1. 候选合作伙伴范围确定

"搜索者"i的潜在的合作伙伴范围受知识互补性和开放宽度两大因素影响。其中,知识互补性限定了"搜索者"i与候选"知识源"j之间的最短距离,而开放宽度B_i则限定了"搜索者"i与候选"知识源"j之间的最长距离。对"搜索者"i而言,一个合格的候选"知识源"j既不能与其相距太远,也不能过近:相距太远则超出i的最大搜索半径,不在i的"视野"之中;相距过近则会产生因知识储备相似度过高而无新奇知识可学的困境。因此,一个合格的候选"知识源"j需要与"搜索者"i保持"合理"的距离范围:

$$d_c \leqslant d_{ij} \leqslant \rho \cdot B_i \tag{6-7}$$

其中,下边界d_c由知识互补性决定;常量$\rho \in (0,1)$,是规模控制参数,是为了优化仿真实验结果而设置的控制搜索范围的上边界参数;$B_i \in (0,1]$,为i的搜索宽度。

2. 合作伙伴选择和联系建立决策

受资源、资金和时间等方面的限制,"搜索者"i不可能与全部候选对象建立联系,需要从候选对象集合中选择"最佳"合作伙伴进行合作创新。在"最佳"合作伙伴的选择和联系决策过程中,"有利可图"和"互利互惠"是双方合作的前提。

在t时刻,"搜索者"i与潜在"知识源"j建立联系的可能性与二者在知识空间中的距离有关,可用借助高斯函数描述:

$$\eta_{i \leftarrow j}^t \equiv f(d_{ij}^t) = \begin{cases} 0 & d_{ij} \notin (d_c, \rho \cdot B_i) \\ \eta' \exp(-(d_{ij}^t - d')^2 / \sigma^2) & d_{ij} \in (d_c, \rho \cdot B_i) \end{cases}$$

$$\tag{6-8}$$

其中,d'代表"搜索者"i与潜在"知识源"j的最佳距离,正参数$\eta' \ll 1$

是一个规模常量，控制"搜索者"i与潜在"知识源"j之间形成联系的最大可能。

在t时刻，"搜索者"i与潜在"知识源"j建立联系的预期收益是：

$$\pi_i^{i \leftarrow j} = \eta_{i \leftarrow j} \cdot E[PKC_i^t] - C \tag{6-9}$$

其中，$\eta_{i \leftarrow j}$和$E[PKC_i]$分别按照式（6-8）和式（6-6）计算；正常量参数C是成本系数。

6.1.3 参数设置

创新网络"个体网"演化的仿真模型输入参数设置出如表6.1所示。模型中的创新网络是由100个来自同一产业或相关产业的企业所共同组成的。网络对应了一个抽象的二维知识空间（$[0,1]^2$），在仿真初始，企业随机分散在知识空间各个位置。不同企业的开放度是不同的且在一段时间内维持相对稳定。

表6.1　　　　　　　　　　**"个体网"演化仿真模型参数设置**

参数	参数含义	在顶层研究框架中的"角色"	数值属性	数值范围
B_i	企业个体搜索宽度	自变量	初始随机生成，静态变化	$\in(0,1)$，$\sim N(0.5,1)$
D_i	企业个体搜索深度	自变量	初始随机生成，静态变化	$\in(0,1)$，$\sim N(0.5,1)$
θ	创新破坏度	调节变量	初始赋值，静态变化	$\in(0,1)$
N	创新网络中企业节点数目	常系数	恒定不变	100
α	企业吸收能力	常系数	恒定不变	0.05
d_c	企业间能够形成联系的最短距离	常系数	恒定不变	0.001
d'	企业间合作的最适宜知识距离	常系数	恒定不变	0.025

续表

参数	参数含义	在顶层研究框架中的"角色"	数值属性	数值范围
σ	反映两企业节点间形成联系可能性的高斯函数的标准差	常系数	恒定不变	0.025
ε	"知识创造事件"对"非创造者"位置改变的规模控制参数	常系数	恒定不变	0.2
η'	两个企业间形成联系的最大可能控制参数	常系数	恒定不变	0.25
ρ	企业搜索范围的规模控制参数	常系数	恒定不变	0.5
C	企业节点知识搜索的成本系数	常系数	恒定不变	0.001

本章规定每个企业的开放宽度和开放深度分别服从均值为0.5、方差为1的正态随机分布，即 B_i，$D_i \sim N(0.5, 1)$。此外，创新破坏度 $\theta \in (0, 1]$，在仿真初始赋值，并在仿真过程中保持相对稳定。

同时，本章设置个体间形成联系可能性的高斯函数均值，即个体间最佳知识距离 $d' = 0.025$；设置高斯函数标准差 $\sigma = 0.025$；设置企业吸收能力 $\alpha = 0.1$。设置理由同"整体网"演化中的同符号参数一致，详见5.1.3节。

进一步地，本章将其余仿真参数分别设置为：企业间联系形成的最短距离 $d_c = 0.001$；"非创造者"位置改变规模控制参数 $\varepsilon = 0.2$；个体间联系形成可能性规模控制参数 $\eta' = 0.25$；个体搜索范围控制参数 $\rho = 0.5$；建立联系的成本系数 $C = 0.001$。设置理由同"整体网"演化中的同符号参数一致，详见5.1.3节。

根据表6.1仿真输入参数设置情况可知，在"个体网"演化模型中，仿真实验结果输出主要受创新破坏度 $\theta \in (0, 1]$ 控制。本章规定 θ 始于0.05，并以0.025逐渐递增至1。相应地，"个体网"演化仿真共存在 $1 \div 0.025 - 1 = 39$（组）实验。每一组实验各自运行25回，每一回迭代1100次/时间步，其中为了尽可能消除个体初始知识位置所带来的系统性误差，前100次仿真输出不计入最终的结果分析。在此操作下，能够确保仿真输出数据（详见6.2节）样本不低于20000，确保最终分析结果的显著性水平。

经过 $39 \times 25 = 975$（组·次）仿真实验，共生成 $100 \times 975 = 97500$（条）观测记录，91057 条为有效记录，其内容涵盖仿真各个时间步的个体外部知识搜索活动信息，包括个体当前外部链接情况和在知识空间的位置，能够提供"个体网"网络结构和个体创新绩效分布的完整信息。因此，此 91057 条记录是后文中的"个体网"结构和绩效特征分析的数据样本。

6.2 "个体网"分析评价体系

对每一组仿真实验，在给定输入参数的条件下，随着仿真时间步的推移，模型中任意个体在不同时刻下的个体链接情况和个体知识位置等信息相应生成，为后续的"个体网"演化分析提供了基础素材。与"整体网"演化分析相比，"个体网"演化分析也涉及"结构"和"绩效"两方面。

6.2.1 "个体网"结构评价

与"整体网"结构分析相比，"个体网"结构分析相对简单，主要围绕"中心点"外部联系展开，包括联系规模和联系强度两方面。在创新管理研究领域，一些学者借用凯德·劳尔森和阿蒙·萨尔特（Laursen，Salter，2006）的"宽度—深度"分析框架，将个体自我中心创新网络规模称为"个体网宽度"（network breadth），把个体企业自我中心创新网络强度称为"个体网深度"（network depth），并用"个体进行外部知识搜索的渠道总数"测度评价前者，用"企业进行深度外部知识搜索的渠道总数"测度评价后者（Peng et al，2013）。为避免与前面提及的"搜索宽度"和"搜索深度"混淆，本章将"个体网宽度"调整称谓为"个体网规模"，将"个体网深度"调整称谓为"个体网强度"。本章约定：

（1）"个体网"规模反映了个体外部搜索的广泛程度，等于其拥有外部知识渠道数目，即个体的入度中心度（in-degree）；

（2）"个体网"强度反映了个体外部搜索的深化程度，等于其外部搜索的频次与外部搜索渠道数目的比值。

6.2.2 "个体网"创新绩效评价

"个体网"创新绩效是在网络演化过程中，创新个体外部知识搜索活动的产出积累，表现为个体知识位置的持续变化，涉及知识学习绩效和知识创造绩效，如式（6−3）和式（6−5）所示。

值得注意的是，与"整体网"绩效分析所遵循的"均值为主、方差为辅"原则不同，本章在考察"个体网"绩效时，坚持均值分析与方差分析并举，即将个体企业在演化过程中的绩效均值特征和（相对）方差特征视为同等重要意义。个体企业的网络创新绩效均值反映了其在演化过程中开放式创新产出的一般水平或平均水平；而个体企业（相对）绩效方差则反映了其在演化过程中，实现极端产出（"超级成功"或"失败"）的可能性（Cavarretta，2015；Makino，Chan，2017）。

现阶段，学术界对个体组织的绩效分析主要以"均值分析范式"（average-centered view）为主（Makino，Chan，2017），即主要考察内外部影响因素对个体绩效均值的作用，而忽略或淡化这些要素对个体绩效方差的影响（Cavarretta，2015）。实际上，如果一个因素对个体企业绩效波动有显著影响，其影响是作用于该个体的绩效分布（firm-level performance disrtibution）上，表现为绩效均值和绩效方差的明显变化。其中，该因素引起的企业绩效均值改变被称为该因素的"绩效均值效应"（average-effect）；该因素引起的企业绩效方差改变则被称为该因素的"绩效方差效应"（variance-effect）。

为了使绩效影响因素的作用更清晰直观，本章用公式"$\Delta P(T) = \Delta P(A) + \Delta P(V)$"来解释说明。其中，$\Delta P(T)$ 表示个体绩效的变化总量，$\Delta P(A)$ 表示个体绩效均值的变化量，$\Delta P(V)$ 表示个体绩效方差的变化量。主流的"均值范式"关注绩效影响因素的"均值效应"，能够较好

地解释 $\Delta P(A)$。"均值范式"认为，在既定的环境条件下，个体企业在不同时间段绩效产出理论上趋向于一致，均值就是绩效中心异质性的表现，而那些明显偏离绩效均值的绩效产出是极少数的"例外"（outliers）或"偏差"（errors），可以忽略不计。因此"均值范式"在分析个体企业绩效时，不考虑"方差效应"，认为 $\Delta P(V)$ 无限趋近于零。在"均值范式"分析逻辑的主导下，个体企业的决策方案会导向绩效均值最大化。下面用一个简单的例子来描述。

因素 X 存在两个取值，较低的 X_L 和较高的 X_H，其对个体企业绩效 P 的均值有显著正向影响作用，如图 6.1（a）所示：X 取值为 X_L 时，企业的绩效均值为 P_L；X 取值为 X_H 时，企业的绩效均值为 P_H；P_L 明显低于 P_H。

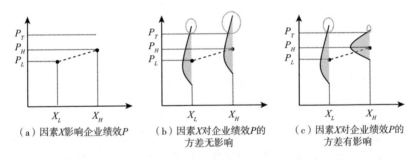

（a）因素 X 影响企业绩效 P　　（b）因素 X 对企业绩效 P 的方差无影响　　（c）因素 X 对企业绩效 P 的方差有影响

图 6.1　绩效方差与企业实现"卓越"绩效 P_T 可能性

现在，企业将绩效目标设定为 P_T，P_T 比 P_H 和 P_L 都大，企业应如何调整 X 的取值？X_L 和 X_H 哪个更好？依照"均值范式"方差不变的逻辑假设，决策者会得出"X_H 优于 X_L"的结论。因为方差恒定意味着企业绩效分布图形的形状恒定，只沿着绩效数轴做平移运动，此时，高绩效均值意味着实现"卓越"绩效的高可能性，如图 6.1（b）所示。

此外，创新管理和战略管理的最新研究显示，在某些特别的情境下，"均值范式"对企业绩效的解释和分析存在明显不足。例如，皮埃保罗·安德里亚尼与比尔麦克·凯威尔（Andriani，McKelvey，2007）、金俊勇等（Kim，Kim，Miner，2009）、唐建云等（Tang，Crossan，Rowe，2011）研究发现，科技创业企业、新兴高科技公司和技术寡头拥有较强的创新意愿和较高的风险接纳度去追逐超高绩效，而不是仅仅维持生存和表现得比一般好一点，对这些企业而言，极端绩效和异常绩效，如超常规成长、巨大成功、重大失败、破产等，是频发事件而非小概率事件。又如，吉尔特·贝克特和坎贝尔·哈维（Bekaert，Harvey，2002）、克里斯蒂安·常等（Chan，Isobe，Makino，2008）研究发现，在既定环境条件下，企业不同时间点的绩效并非总是趋向于均值，而是会经常背离均值，频繁出现绩效异常值和极端值的企业绩效分布不是以往研究所默认的无偏斜正态分布相背离，而是表现出明显的偏斜性和长尾形态，其中右偏斜度暗示了超高绩效出现的概率，而左偏斜度则暗示了超低绩效出现的概率。法布里斯·卡瓦雷塔等（Cavarretta，Furr，Wuebker，2015）、牧野志戈和克里斯蒂安·常（Shigo，Chan，2017）也对企业绩效分析的"均值范式"提出了批评，并提出了"均值范式"的补充——"方差范式"（variance-centered view）。他们指出在技术发展速度较快的产业环境中，"方差效应"和 $\Delta P(V)$ 极为显著，需要被纳入绩效分析之中，否则就会产生理论偏差（theory bias），使绩效的理论分析与战略决策论无法有效指导企业运营实践。

"方差范式"关注绩效影响因素的"方差效应"，即一个因素是如何影响企业绩效分布的方差变化。"方差范式"能够较好地解释企业绩效变化 $\Delta P(T)$ 中绩效方差的变化量 $\Delta P(V)$。应用"方差范式"，企业管理者可以通过分析产生极端绩效和异常绩效的主客观条件，如企业资源、能力、行为模式和各种环境因素等，形成企业如何在既定资源与环境约束下实现超高绩效产出和避免重大挫折的战略方案。对一个企业而言，如果其绩效分布是右偏斜的，暗示长尾形态的绩效方差反映了企业实现超高绩效的概率，方差越大越好；如果其绩效分布是左偏斜的，暗示长尾形态的绩效方差反映了企业发生超低绩效的概率，方差越小越好（Cavarretta，2015）。在"方差范式"与"均值范式"共同配合下，企业管理者可以提出更优秀的发展方案，即如何达成高绩效均值，并同时实现高右偏绩效方差或低左偏绩效方差，以促进企业更好地成长。

结合"均值范式"和"方差范式"，重新审视前文提及的例子。如图6.1（c）所示，在正向影响企业绩效 P 均值的同时，因素 X 对企业绩效 P 的方差有着显著的负向作用，随着 X 的增大，企业绩效 P 的分布图形被压缩成一个"驼峰"，右偏长尾明显缩短。这表明，当 X 取值为 X_H 时，尽管绩效均值增大，但目标绩效 P_T 实现的可能性却大大降低。此时，关于"X_L 和 X_H 哪个更好？"的答案就较为复杂和多样化。对高风险承受度企业而言，X_L 更好，因为超高绩效 P_T 实现的可能性更大；但对低风险承受度企业而言，X_H 更好，因为虽然实现超高绩效 P_T 的可能性大大降低，但企业绩效的一般水平会有显著的提升，有助于企业维持自身的生存与发展。

因此，本章结合"均值范式"与"方差范式"来评价"个体网"创新绩效特征：

（1）"个体网"平均创新绩效：反映企业个体在创新网络演化过程中合作创新的一般水平，等于企业创新绩效总和除以创新频次。

（2）"个体网"创新绩效方差：反映企业个体在创新网络演化过程中实现极端绩效的可能性，用个体创新绩效标准差来衡量。此外为更好地比较不同个体间的绩效方差的区别，本章将标准差指标进行标准化处理，即选用相对标准差指标——绩效标准差除以绩效均值。

特别地，本章侧重分析个体企业"极端好"绩效实现的可能性。因此，所考察的个体绩效方差特指"右偏斜"绩效分布中的方差，对仿真实验结果输出结果中的非右偏斜的个体绩效分布做标准化处理（详见6.4节）。

6.2.3 "个体网"分析评价体系

根据6.2.1节和6.2.2节的论述，本章构建"个体网"仿真输出分析框架，如图6.2所示。

"个体网"分析评价涉及网络结构和创新绩效两大维度。其中"个体网"结构用"个体网"规模和强度两大指标来衡量；而"个体网"创新绩效则从个体外部创新绩效一般水平和个体实现超高绩效可能性两方面考察。

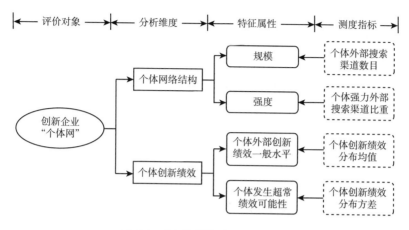

图6.2 "个体网"分析评价体系

6.3 仿真实验结果分析：网络结构

本节分析不同创新破坏度环境下的个体开放式创新行为驱动的"个体网"结构特征。通过分析个体开放度与"个体网"结构特征之间的相关关系，讨论个体开放式创新行为对其网络关系特征的影响。四个相关关系被重点讨论，即：个体搜索宽度与"个体网"规模相关关系，记为 $r(B, eNB)$；个体搜索宽度与"个体网"强度相关关系，记为 $r(B, eND)$；个体搜索深度与"个体网"规模相关关系，记为 $r(D, eNB)$；个体搜索深度与"个体网"强度相关关系，记为 $r(D, eND)$。

本节首先进行以开放度为中心的对比分析，即比较不同创新破坏度条件下，既定类型开放度与"个体网"规模和强度——"$r(B, eNB)/r(B, eND)$"和"$r(D, eNB)/r(D, eND)$"的相关性，旨在探讨既定类型开放度，在不同创新破坏度条件下，对"个体网"结构特征的影响。其次，本节进行以"个体网"结构特征为中心的对比分析，即比较个体搜索宽度和深度与同一"个体网"结构特征——"$r(B, eNB)/r(D, eNB)$"和"$r(B, eND)/r$

(D，eND)"的相关性，旨在区别在不同创新破坏度条件下，个体搜索宽度与搜索深度对"个体网"特定结构特征的影响作用。

6.3.1 以开放度为中心的对比分析

图6.3显示了开放度中心视角下个体开放度与"个体网"结构相关性。

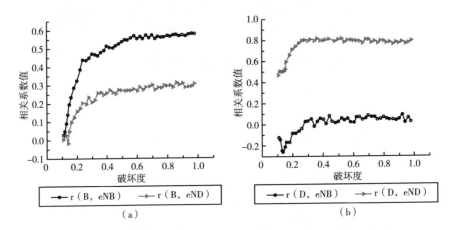

图6.3 开放度中心视角下个体开放度与"个体网"结构相关性

图6.3（a）展示了不同创新破坏度环境下，个体搜索宽度与"个体网"结构特征之间的关联情况，即r(B，eNB)和r(B，eND)相关系数。从中可以观察到，r(B，eNB)和r(B，eND)相关系数均为正值。

在低创新破坏度环境下（$\theta \leqslant 0.150$），r(B，eNB)和r(B，eND)相关系数随创新破坏度增加而快速上扬。其中，r(B，eNB)相关系数通过显著性假设检验（$p < 0.05$或$p < 0.01$），其数值在（0，0.20）区间波动；而在大多数情况下，r(B，eND)相关系数没有通过显著性假设检验（$p > 0.1$），其数值在（-0.05，0.10）区间波动。这表明，个体搜索宽度与"个体网"规模之间呈较弱的正相关关系，而与"个体网"强度无显著相关关系。

在中等创新破坏度环境下（$0.175 < \theta \leqslant 0.425$），r（B，eNB）和 r（B，eND）相关系数均通过显著性假设检验（$p < 0.05$ 或 $p < 0.01$）。其中，r（B，eNB）相关系数随创新破坏度增加而稳步提升，其数值范围为（0.20，0.50）；而 r（B，eND）相关系数随创新破坏度增加而稳步提升，其数值范围为（0.10，0.25）。这表明，个体搜索宽度与"个体网"规模之间呈中等强度的正相关关系，而与"个体网"强度之间呈较弱的正相关关系。

在高创新破坏度环境下（$\theta > 0.450$），r（B，eNB）和 r（B，eND）相关系数均通过显著性假设检验（$p < 0.05$ 或 $p < 0.01$），分别随创新破坏度增加而缓慢增长至相对稳定。其中，r（B，eNB）相关系数值在（0.50，0.58）区间波动；而 r（B，eND）相关系数值在（0.25，0.29）区间波动。这表明，个体搜索宽度与"个体网"规模之间呈较强的正相关关系，而与"个体网"强度之间呈中等偏弱的正相关关系。

图 6.3（a）结果显示，个体搜索宽度分别对个体网规模和个体网强度有不同程度刺激作用，且随着创新破坏度的增加，相关影响作用也随之增大至相对稳定的状态。特别地，在同等创新破坏度环境下，个体搜索宽度对"个体网"规模的影响力度明显高于其对"个体网"强度的影响力度。

图 6.3（b）展示了不同创新破坏度环境下，个体搜索深度与"个体网"结构特征之间的关联情况，即 r（D，eNB）和 r（D，eND）相关系数。

在低创新破坏度环境下（$\theta \leqslant 0.175$），r（D，eNB）和 r（D，eND）相关系数均通过显著性假设检验（$p < 0.05$ 或 $p < 0.01$）。其中，r（D，eNB）相关系数为负，其数值在（-0.25，-0.12）区间波动；r（D，eND）相关系数为正，并随创新破坏度快速增大，其数值范围为（0.43，0.80）。这表明，个体搜索深度与"个体网"规模之间呈较弱的负相关关系，而与"个体网"强度之间呈中等偏强的正相关关系。

在中等和高创新破坏度环境下（$\theta > 0.200$），r（D，eNB）和 r（D，eND）相关系数分别随创新破坏度增加而保持相对稳定。其中，在大多数情况下，r（D，eNB）相关系数无法通过显著性假设检验（$p > 0.1$），其数值在（-0.07，0.08）区间波动；而 r（D，eND）相关系数通过显著性假设检验（$p < 0.05$ 或 $p < 0.01$），其数值在（0.75，0.80）区间波动。这表明，个体搜索深度与"个体网"规模之间无显著相关关系，而与"个体网"强度之间呈较强的正相关关系。

图 6.3（b）结果显示，个体搜索深度对"个体网"规模和强度的影响作用是不同的，且受到创新破坏度的调节。在低创新破坏度环境下，个体搜索深度对"个体网"规模有较弱的抑制作用，而对"个体网"强度则有中等强度的促进作用。在中高创新破坏度环境下，个体搜索深度对个体网规模无显著影响作用，但对"个体网"强度则有较强的促进作用。

6.3.2 以网络结构为中心的对比分析

图 6.4 显示了结构中心视角下个体开放度与"个体网"结构相关性。

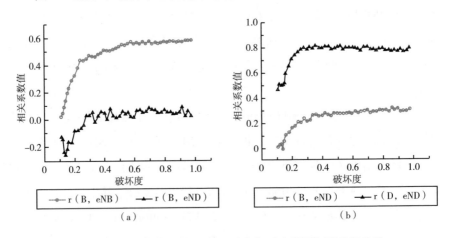

图 6.4 结构中心视角下个体开放度与"个体网"结构相关性

图 6.4（a）展示了不同创新破坏度环境下，个体搜索宽度和深度与"个体网"规模之间的关联情况，即 r（B，eNB）和 r（D，eNB）相关系数。在低创新破坏度环境下（$\theta \leqslant 0.175$），r（B，eNB）和 r（D，eNB）相

关系数均通过显著性假设检验（$p < 0.05$ 或 $p < 0.01$）。其中 r(B, eNB) 相关系数为正，其值在（0，0.28）区间波动；r(D, eNB) 相关系数为负，其值在（-0.25，-0.12）区间波动。此外，随着创新破坏度上升，r(B, eNB) 相关系数绝对值分别增大。这表明，个体搜索宽度和深度分别对"个体网"规模特征有较弱的影响作用，但两种影响作用的属性是不同的：个体搜索宽度促进"个体网"规模发展，而个体搜索深度则抑制"个体网"规模发展。且随着创新破坏度的提升，个体搜索宽度和深度对"个体网"规模的影响力度也不同程度增强。

在中高创新破坏度环境下（$\theta > 0.200$），r(B, eNB) 相关系数通过显著性假设检验（$p < 0.05$ 或 $p < 0.01$）。r(B, eNB) 相关系数为正，且随着创新破坏度提升而增大至相对稳定水平，其数值范围为（0.34，0.58）。而 r(D, eNB) 相关系数没有通过显著性假设检验（$p > 0.1$），其数值在（-0.07，0.08）范围波动。这表明，个体搜索宽度和深度对"个体网"规模特征表现出不同的影响：个体搜索宽度对"个体网"规模有较强的促进作用，且随着创新破坏度的提升，该作用力度也不断增强至相对稳定水平；而个体搜索深度对"个体网"规模则无显著影响。

图6.4（b）展示了不同创新破坏度环境下，个体搜索宽度和深度与"个体网"强度之间的关联情况，即 r(B, eND) 和 r(D, eND) 相关系数。从中可以观察到，r(B, eND) 和 r(D, eND) 相关系数均为正值。

在低创新破坏度环境下（$\theta \leqslant 0.175$），大多数情况，r(B, eND) 相关系数没有通过显著性假设检验（$p > 0.1$）；而 r(D, eND) 相关系数通过显著性假设检验（$p < 0.05$ 或 $p < 0.01$），其值随创新破坏度提升而在区间（0.43，0.67）快速增长。这表明，个体搜索宽度和深度对"个体网"强度特征的影响是不同的：个体搜索宽度对"个体网"强度无显著影响，而个体搜索深度对"个体网"强度有较强的促进作用，且创新破坏度越大，促进作用力度越大。

在中高创新破坏度环境下（$\theta > 0.200$），大多数情况，r(B, eND) 和 r(D, eND) 相关系数均通过显著性假设检验（$p < 0.05$ 或 $p < 0.01$）。且

r（B，eND）和 r（D，eND）相关系数数值随创新破坏度提升分别稳步提升至相对稳定水平，前者在区间（0.1，0.29）波动，后者在区间（0.67，0.8）波动。这表明，个体搜索宽度和深度分别对"个体网"强度有促进作用，但两种影响的作用力度是不同的：个体搜索宽度对"个体网"强度的促进作用较弱，而个体搜索宽度对"个体网"强度促进作用较强，明显高于前者。

6.3.3 "个体网"演化过程中网络结构特征评述

"个体网"演化的大规模仿真实验结果表明，个体开放式创新行为对"个体网"网络结构有显著影响，不同开放式创新行为特征对"个体网"结构不同方面的作用属性和作用力度不尽相同，且受创新破坏度的调节。

首先，个体搜索宽度主要影响"个体网"规模，表现为正向促进作用，且作用力度随着创新破坏度的提升而不断增强至相对稳定。与影响"个体网"规模相比，个体搜索宽度对"个体网"强度也有一定的促进作用，但其作用力度远远低于前者。

其次，个体搜索深度主要影响"个体网"强度，表现为正向促进作用，且作用力度随着创新破坏度的提升而不断增强至相对稳定。与影响"个体网"强度相比，个体搜索深度对"个体网"规模则表现出不同属性或力度的影响：在低创新破坏度环境下，个体搜索深度对"个体网"规模有较弱的抑制作用；在中高创新破坏度环境下，个体搜索深度对"个体网"规模无显著影响。

6.4 仿真实验结果分析：网络创新绩效

本节分析不同创新破坏度环境下的个体开放式创新行为驱动的"个体

网"创新绩效特征。通过分析个体开放度与"个体网"创新绩效分布均值和方差之间的关联性，讨论个体开放式创新行为对"个体网"创新绩效一般水平和实现超常绩效可能性的影响。

四个相关关系被重点讨论，即：个体搜索宽度与"个体网"创新绩效分布均值相关关系，记为 r（B，A）；个体搜索宽度与"个体网"创新绩效分布方差相关关系，记为 r（B，V）；个体搜索深度与"个体网"创新绩效分布均值相关关系，记为 r（D，A）；个体搜索深度与"个体网"创新绩效分布方差相关关系，记为 r（D，V）。

首先，本节进行以开放度为中心的对比分析，即比较不同创新破坏度条件下，既定类型开放度与"个体网"创新绩效特征——"r（B，A）/r（B，V）"和"r（D，A）/r（D，V）"的相关性，旨在探讨既定类型开放度，在不同创新破坏度条件下，对"个体网"创新绩效不同方面特征的影响。

其次，本节进行以绩效特征为中心的对比分析，即比较个体搜索宽度和深度与同一绩效特征——"r（B，A）/r（D，A）"和"r（B，V）/r（D，V）"的相关性，旨在区别不同创新破坏度条件下，个体搜索宽度与搜索深度对"个体网"特定创新绩效特征的影响作用。

此外，值得注意的是，本章所关注的"超常绩效"特指"极端高/好创新绩效"，超常绩效实现可能性用右偏斜视角下的"个体网"创新绩效分布方差来衡量。因此在分析 r（B，V）和 r（D，V）时，应提前将二者的相关系数做标准化处理，即统一为右偏斜视角。具体操作如下：如图6.5所示，随着创新破坏度的增加，仿真输出数据记录中"个体网"创新绩效分布非右偏斜的比重首先从超过60%急速下降至15%，随后保持相对，在（11%，15%）区间波动；与此同时，"个体网"创新绩效分布偏斜度均值则先从0.2急速增长至1.7，而后缓慢增至2.0。非右偏斜比重和偏度均值变化趋势的拐点彼此接近，均在创新破坏度 $\theta = 0.225$ 附近。因此，本章将 $\theta \leq 0.225$ 条件下的 r（B，V）和 r（D，V）相关系数值乘以 -1。以此为基础，分析 r（B，V）和 r（D，V）相关关系。

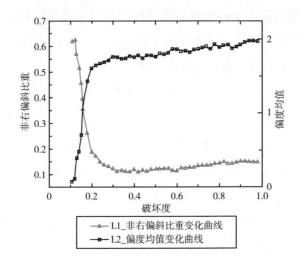

图6.5 "个体网"创新绩效分布非右偏斜比重和偏度均值

6.4.1 以开放度为中心的对比分析

图6.6显示了开放度中心视角下个体开放度与"个体网"创新绩效相关性。

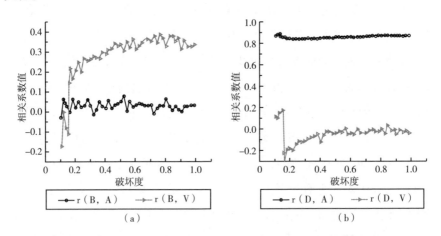

图6.6 开放度中心视角下个体开放度与"个体网"创新绩效相关性

图 6.6（a）展示了不同创新破坏度环境下，个体搜索宽度与"个体网"创新绩效之间的关联情况，即 r(B，A) 和 r(B，V) 相关系数。可以观察到，r(B，A) 和 r(B，V) 相关系数在数值特征和变化趋势方面存在较大差异。

随着创新破坏度的提升，r(B，A) 相关系数保持相对稳定，且其数值（绝对值）相对较小，在区间（-0.048，0.075）波动。这意味着个体搜索宽度对"个体网"平均创新绩效的影响力度极弱，可忽略不计。此外，在不同创新破坏度环境下，r(B，A) 相关系数大多没有通过显著性假设检验（$p > 0.1$）。这表明，个体搜索宽度对"个体网"平均创新绩效无显著性影响。r(B，A) 相关系数的数值特征和对 r(B，A) 相关系数的显著性假设检验结果相互呼应，二者共同揭示，个体搜索宽度不影响"个体网"创新绩效的平均/一般水平。

与 r(B，A) 相关系数相比，r(B，V) 相关系数在不同创新破坏度环境下，大多通过显著性假设检验（$p < 0.05$ 或 $p < 0.01$）。这表明个体搜索宽度与"个体网"创新绩效方差之间存在显著的相关关系。同时，随着创新破坏度的提升，r(B，V) 相关系数表现出不同的数值特征和变化趋势。

在低创新破坏度环境下（$\theta \leq 0.175$），r(B，V) 相关系数为负，其绝对值随创新破坏度提升，从（-）0.179 迅速下降至（-）0.025。这表明，个体搜索宽度与"个体网"创新绩效方差之间呈较弱的负相关关系，且相关性随创新破坏度提升而不断减弱。

在中等创新破坏度环境下（$0.200 < \theta \leq 0.425$），r(B，V) 相关系数为正，且随创新破坏度提升而迅速增大，其数值波动区间为（0.054，0.306）。这表明，个体搜索宽度与"个体网"创新绩效方差之间呈较弱的正相关关系，且相关性随创新破坏度提升而不断增强。

在高创新破坏度环境下（$\theta > 0.450$），r(B，V) 相关系数为正，且随创新破坏度提升而保持相对稳定，其数值波动区间为（0.306，0.371）。这表明，个体搜索宽度与"个体网"创新绩效方差之间呈中等强度的正相关关系，且相关性较为稳定。

根据上述分析，可以推断出个体搜索宽度显著影响"个体网"超高创新绩效实现的可能性，且作用属性和作用力度受创新破坏度的制约情况：在低创新破坏度环境下，个体搜索宽度在一定程度上削弱"个体网"实现超高创新绩效的可能性；而在中高创新破坏度环境下，个体搜索宽度则在一定程度上提升"个体网"实现超高创新绩效的可能性，且创新破坏度越大，促进作用越明显。

图 6.6（b）展示了不同创新破坏度环境下，个体搜索深度与"个体网"创新绩效之间的关联情况，即 r(D, A) 和 r(D, V) 相关系数。从中可以观察到，r(D, A) 和 r(D, V) 相关系数数值特征差别极为明显。r(D, A) 相关系数为正，其数值较大（普遍大于 0.5）；而在大多数情况下，r(D, V) 相关系数为负，其数值（绝对值）较小（普遍低于 0.2）。

在低创新破坏度环境下（$\theta \leqslant 0.225$），r(D, A) 和 r(D, V) 相关系数均通过显著性假设检验（$p < 0.01$ 或 $p < 0.05$）。随着创新破坏度提升，正相关关系 r(D, A) 和负相关关系 r(D, V) 二者的相关系数绝对值分别快速增大，前者从 0.518 增大至 0.837，后者则在区间（0，（-）0.223）震荡上扬。这表明，搜索深度与"个体网"创新绩效均值之间呈较强的正相关关系，而与"个体网"创新绩效方差之间呈较弱的负相关关系，且随着创新破坏度的提升，两种相关性双双增强。

在中等创新破坏度环境下（$0.250 < \theta \leqslant 0.450$），r(D, A) 相关系数通过显著性假设检验（$p < 0.01$），r(D, V) 相关系数在大多数情况下通过显著性假设检验（$p < 0.05$）。随着创新破坏度提升，正相关关系 r(D, A) 和负相关关系 r(D, V) 二者的相关系数绝对值分别小幅下降，前者从 0.837 回落至 0.808，后者则在区间（（-）0.223，（-）0.059）震荡下行。这表明，搜索深度与个体（网）创新绩效均值之间呈较强的正相关关系，而与"个体网"创新绩效方差之间呈较弱的负相关关系，且随着创新破坏度的提升，两种相关性在一定程度上减弱。

在高创新破坏度环境下（$\theta > 0.475$），r(D, A) 相关系数通过显著性假设检验（$p < 0.01$），而 r(D, V) 相关系数在大多数情况下没有通过显

著性假设检验（$p > 0.1$）。随着创新破坏度提升，$r(D, A)$ 和 $r(D, V)$ 相关系数保持相对稳定，前者在区间（0.783, 0.808）波动，后者则在区间（-0.059, 0.028）波动。这表明搜索深度与"个体网"创新绩效均值之间呈相对稳定的强正相关关系，而与"个体网"创新绩效方差之间无显著的相关关系。

通过对比不同创新破坏度环境下 $r(D, A)$ 和 $r(D, V)$ 相关系数的数值特征，以及结合对二者的显著性假设检验结果，可知个体搜索深度对"个体网"创新绩效的影响效果。首先，个体搜索深度对"个体网"创新绩效的平均/一般水平有较强的促进作用。其次，在中低创新破坏度环境下，个体搜索深度在一定程度上抑制"个体网"实现超高创新绩效。

6.4.2　以创新绩效为中心的对比分析

图6.7 显示了绩效中心视角下个体开放度与"个体网"创新绩效相关性。

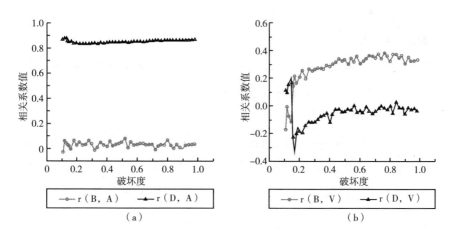

图 6.7　绩效中心视角下个体开放度与"个体网"创新绩效相关性

图6.7（a）展示了不同创新破坏度环境下，个体搜索宽度和深度与"个体网"创新绩效均值之间的关联情况，即 $r(B, A)$ 和 $r(D, A)$ 相关

系数。从中可以观察到，r(B，A) 和 r(D，A) 相关系数表现出不同的数值特征和变化趋势。

一方面，在不同创新破坏度环境下，r(B，A) 相关系数大多没有通过显著性假设检验（$p > 0.1$）。这表明，个体搜索宽度在很多情况下与"个体网"创新绩效均值之间无显著相关关系。另一方面，随着创新破坏度的提升，r(B，A) 相关系数保持相对稳定，且其数值（绝对值）相对较小，在区间（−0.048，0.075）波动。这表明，即使个体搜索宽度与"个体网"创新绩效均值之间存在显著相关关系，该相关关系的相关性极弱。

与 r(B，A) 相关系数相比，各种创新破坏度环境下的 r(D，A) 相关系数则完全通过显著性假设检验（$p < 0.01$），且 r(D，A) 相关系数较大，普遍高于 0.5。这表明，个体搜索深度与"个体网"创新绩效均值之间呈较强的正相关关系。随着创新破坏度提升，r(D，A) 相关系数先迅速增大，随后小幅回落，而后保持相对稳定。这表明，创新破坏度在一定程度上能够放大个体搜索深度与"个体网"创新绩效均值之间的正相关性强度。

图 6.7（a）结果显示，个体搜索宽度和深度在对"个体网"创新绩效平均/一般水平方面表现出不同的作用效果：个体搜索宽度对"个体网"创新绩效平均/一般水平无明显作用；而个体搜索深度对"个体网"创新绩效平均/一般水平有较强的促进作用，且较高的创新破坏度在一定程度上能够放大该促进效果。

图 6.7（b）展示了不同创新破坏度环境下，个体搜索宽度和深度与"个体网"创新绩效方差之间的关联情况，即 r(B，V) 和 r(D，V) 相关系数。从中可以观察到，r(B，V) 和 r(D，V) 相关系数表现出不同的数值特征和变化趋势。

在低创新破坏度环境下（$\theta \leqslant 0.175$），r(B，V) 和 r(D，V) 相关系数普遍为负，且大多通过显著性假设检验（$p < 0.01$ 或 $p < 0.05$）。随着创新破坏度的提升，r(B，V) 相关系数绝对值从（−）0.179 迅速下降至（−）0.025；而 r(D，V) 相关系数绝对值则在区间（0，（−）0.223）震

荡上扬。上述结果表明，个体搜索宽度和深度分别与"个体网"创新绩效方差之间存在较弱的负相关关系。当创新破坏度提升，个体搜索宽度与"个体网"创新绩效方差之间的负相关关系强度在一定程度上被削弱；而个体搜索深度与"个体网"创新绩效方差之间的负相关关系强度在一定程度上被放大。

在中等创新破坏度环境下（$0.200 < \theta \leq 0.425$），$r(B, V)$ 相关系数为正，$r(D, V)$ 相关系数为负，且二者大多通过显著性假设检验（$p < 0.01$ 或 $p < 0.05$）。随着创新破坏度的提升，$r(B, V)$ 相关系数迅速增大，其数值波动区间为（$0.054, 0.306$）；而 $r(D, V)$ 相关系数绝对值则在区间（$(-)0.223$，$(-)0.059$）震荡下行。上述结果表明，个体搜索宽度"个体网"创新绩效方差之间呈较弱的正相关关系；而个体搜索深度则与"个体网"创新绩效方差之间存在较弱的负相关关系。当创新破坏度提升，正相关关系强度在一定程度上被放大，而负相关关系强度在一定程度上被削弱。

在高创新破坏度环境下（$\theta > 0.450$），$r(B, V)$ 相关系数通过显著性假设检验（$p < 0.01$ 或 $p < 0.05$），其数值为正，随创新破坏度提升在区间（$0.306, 0.371$）波动；而 $r(D, V)$ 相关系数大多没有通过显著性假设检验（$p > 0.1$），其数值普遍为负，随创新破坏度提升在区间（-0.059，0.028）波动。上述结果表明，个体搜索宽度与"个体网"创新绩效方差之间呈相对稳定的、具有一定强度的正相关关系；而个体搜索深度则与"个体网"创新绩效方差之间无显著相关关系。

图 6.7（b）结果显示，个体搜索宽度和深度在对"个体网"超高绩效实现可能性方面表现出不同的作用效果：在大多数情况下，个体搜索宽度主要表现为促进作用；而个体搜索深度则主要表现为较弱抑制作用或无明显影响。随着创新破坏度的提升，个体搜索宽度的积极影响会在一定程度上被放大，而个体搜索深度较弱抑制作用则被不断削弱，直至无明显效果。

6.4.3 "个体网"演化过程中网络创新绩效特征评述

开放式创新行为驱动的"个体网"演化大规模仿真实验结果表明，个体开放度对"个体网"创新绩效有显著影响。个体搜索宽度和深度在对"个体网"创新绩效平均/一般水平和超高绩效实现的可能性两方面的影响属性和影响力度存在较大差别，且受创新破坏度调节。

（1）个体搜索宽度主要影响"个体网"实现超高创新绩效的可能性，主要表现为一定强度的正向促进作用，且作用力度随着创新破坏度的提升而不断增强至相对稳定水平。个体搜索宽度则对"个体网"创新绩效平均/一般水平无显著影响。

（2）个体搜索深度主要影响"个体网"创新绩效平均/一般水平，表现为较强的正向促进作用，随着创新破坏度提升，该正向作用力度在一定程度上被放大。此外，当创新破坏度较低时，个体搜索深度对"个体网"实现超高创新绩效的可能性也有一定的影响，表现为较弱的负向抑制作用。

上述结论深化了当前开放式创新研究领域关于"企业开放度—创新绩效"关系的研究结论。一方面，该结论呼应了领域内"开放度有利于创新绩效提升"这一主流观点，并指出个体搜索宽度和深度对创新产出的促进作用有所差别——搜索宽度的积极影响主要体现在其对企业创新绩效的平均/一般水平的改善，而搜索深度的积极影响则主要体现在其促进企业实现超高创新绩效。另一方面，该结论揭示了开放度对企业创新绩效的负面影响，即在低创新破坏度环境下，搜索宽度和深度会不同程度地抑制企业实现超高创新绩效的可能性，在一定程度上验证了"开放度与创新绩效之间呈倒 U 型关系"的观点。

进一步地，不同创新破坏度环境下个体开放度对"个体网"创新绩效作用效果的相关研究结论，对技术型企业开放式创新战略的制定有重要的实践指导价值。创新破坏度体现了创新网络所处产业的技术创新发展水平和市场产品结构情况，在一定程度上映射了产业当前所处的发展阶段。相应地，在产业发展的不同阶段，企业的目标定位和发展战略是不同的。以产业生命周期"三阶段"视角来看，在产业形成初期，产业中游离了大量新奇创意和商机；此时企业则主要致力于挖掘各种技术和创意的潜在价值，尝试各种产品设计探索，尽可能满足客户多元的不确定需求，实现跨越式发展，由此导致产业技术创新更多表现为激进的产品创新，以及无主导设计的产品结构。当产业步入快速发展阶段，产业中已经初步形成几种主导产品设计，客户需求和技术产品的不确定性大幅降低；此时企业注意力逐渐转向"营业利润/销售收入最大化"，由此导致产业技术创新表现为激进式与渐进式创新共存、产品与过程创新共存，以及多种主导设计竞争的产品结构。当产业发展至相对成熟，技术标准和主导设计完全确立，产业技术进步空间非常有限，产业发展主要得益于"规模经济"；此时企业战略逐渐转向"价格竞争"，由此导致以渐进式创新和过程创新为主的产业技术创新格局，以及单一或几种主导设计垄断的产品结构。基于此，在实践过程中，企业开放式创新战略应与其所在产业的发展阶段相匹配，如图6.8所示。

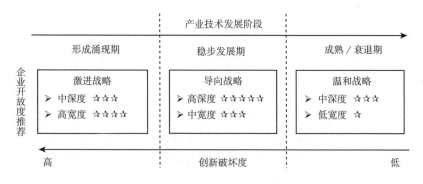

图6.8 企业开放式创新策略推荐

在产业形成之初，产业中尚未形成特定的产品设计和技术标准，游离大量的产品创新机会和机遇。相应地，产业中的企业普遍有较大的成长空间，其技术创新预期收益极为可观。此时，企业首先应把握机遇，尝试多种研发方案，尽可能实现超高创新绩效，以尽早在市场竞争中抢占先机和确立行业领先地位。因此，在产业的初创阶段，"超高创新绩效可能性"是企业开放式创新战略行为的主要任务。结合仿真实验结果，在产业形成之初的高创新破坏度环境下，企业个体开放度对企业"个体网"创新绩效的作用效果为：个体搜索深度对"个体网"创新绩效均值产生强正向影响，但对"个体网"创新绩效方差有一定程度的负向影响；个体搜索宽度对"个体网"创新绩效方差产生中等强度正向影响。因此，"激进型"开放式创新战略，即高宽度和中深度，应是此阶段的主流开放式创新战略。

当产业成功步入快速发展阶段，多种产业技术标准和产品设计初步形成，产业发展具有一定的导向性，此时企业技术创新的不确定性和颠覆性双双下降，表现为破坏式创新和渐进式创新、产品创新和过程创新并驾齐驱。在此阶段，企业应优先确保较高水平的平均创新产出，但企业仍有一定的机会实现超高创新绩效，以实现跨越式发展。因此，在产业快速发展阶段，在维持高水平的平均创新绩效的前提下，企业应把握机遇，明确创新的主要方向，尽可能实现超高创新绩效，以尽早在市场竞争中抢占先机和确立行业领先地位。结合仿真实验结果，在快速发展阶段，产业处在中等创新破坏度环境中，企业个体开放度对企业"个体网"创新绩效的作用效果为：个体搜索深度对"个体网"创新绩效均值有强正向影响，对"个体网"创新绩效方差有弱负向影响；个体搜索宽度对"个体网"创新绩效方差有中等偏弱的正向影响。因此，"导向型"开放式创新战略，即中宽度和高深度，应是此阶段的主流开放式创新战略。

在产业步入相对成熟阶段，产业技术标准和主导产品设计完全确立，产业发展方向确定。此时，企业技术创新主要以渐进式的过程创新为主，企业成长潜力和成长空间非常有限。在此阶段，企业应通过改良流程，优化生产效率，以实现市场竞争中的价格优势。因此，明确创新方向，控制创新成本，维持高水平的平均创新绩效，是企业在产业成熟阶段的主要创新战略任务。结合仿真实验结果，在产业步入相对成熟阶段的低创新破坏度环境下，企业个体开放度对企业"个体网"创新绩效的作用效果为：个体搜索深度对"个体网"创新绩效均值有较强正向影响，对"个体网"

创新绩效方差有弱负向影响；个体搜索宽度对"个体网"创新绩效方差有弱负向影响。因此，"温和型"开放式创新战略，即低宽度和中深度，应是此阶段的主流开放式创新战略。

6.5　本章小结

本章基于复杂适应系统理论，采用主体建模仿真手段，探讨在各种创新破坏程度背景下，创新网络"个体网"的动态结构特征和绩效特征。研究结果表明，个体的搜索宽度和深度对"个体网"的网络结构和创新绩效具有显著影响，但宽度和深度的作用效果受创新破坏度的制约。

在结构维度，个体搜索宽度对"个体网"规模产生重要影响，呈现为正向推动效果，且随着创新破坏度的提升，作用力度逐渐增强至相对稳定。个体搜索深度主要影响"个体网"强度，表现为正向推动作用，且作用力度随着创新破坏度的提升而持续增强至相对稳定。

在绩效维度，个体搜索宽度对"个体网"实现超高创新成果的可能性产生关键影响，主要表现为一定强度的正向推动效果，且作用力度随着创新破坏度的提升而逐步增强至相对稳定水平。个体搜索深度对"个体网"创新绩效的平均或一般水平产生较大的正向推动作用，创新破坏度的提升则会在一定程度上放大这种正向作用力度。

第 7 章

结论与展望

7.1 主要研究结论

在开放式创新时代，技术创新的成功不仅取决于创新企业自身拥有的知识存量和研发能力，更取决于其赖以生存的创新网络——其能否为企业提供互补性的知识和创新资源。创新网络不仅决定着企业生存，还关系到产业技术进步和区域经济发展，体现着国家创新能力和竞争优势。因此，保持创新网络长期健康的发展趋势，企业依托创新网络实现高效成长，政府管理和维护创新网络以确保产业和区域竞争优势的提升，等等，对创新网络在经济实践中取得成功至关重要。

在此大背景下，本书开展对创新网络演化规律的探索。沿着"提出问题—分析问题—解决问题"的思路，本书在现有相关研究成果的基础上，从 CAS 理论视角出发，围绕"创新网络演化规律"这一核心主题，综合运用文献分析法、案例研究法和主体建模仿真方法，逐步回答了以下三个逻辑紧密相关的研究问题：（1）企业开放式创新行为的全过程有何种特征？（2）创新网络"整体网"演化表现出何种规律？（3）创新网络"个体网"演化表现出何种规律？本书主要研究结论表现在以下三方面。

7.1.1 企业开放式创新行为过程的特征表现

本书聚焦典型的内向型开放式创新行为"外部知识搜索"的特征表现。本书认为，外部知识搜索行为过程包括搜索范围划分、合作伙伴选择、企业间联系形成三个主要环节。在不同的行为环节，存在多种表现形式，并受不同因素的影响。首先，企业搜索范围受搜索宽度和知识互补双重制约，并且直接反映在搜索距离的"远近"上。搜索距离较短的属于本地搜索，搜索距离较长的则是远程搜索，但并没有绝对数值来表示搜索距离的长短。其次，企业合作伙伴具有明显的网络色彩，例如，网络位置导向和网络联系导向。在网络位置导向影响下，企业主要表现出"接近""信息优势""拓展"等选择偏好；而在网络联系导向影响下，企业则表现出"熟人"偏好。最后，企业间联系形成的关键影响因素包括企业搜索深度和吸收能力，在二者共同作用下，联系呈现出不同的强度特征。

7.1.2 创新网络"整体网"演化规律

本书基于CAS理论，应用主体建模仿真方法，研究在不同创新破坏度环境下，创新网络"整体网"演化过程中的网络结构和网络创新绩效特征。研究结果显示，企业群体搜索宽度和深度分别对"整体网"的网络结构和网络创新绩效具有显著的影响，但它们的影响效果受网络所在产业环境的创新破坏度调节。

在网络结构方面，群体搜索宽度与"整体网"结构凝聚性、聚集性、可达性和权力分布等级差分别呈倒U型关系；群体搜索深度与"整体网"结构凝聚性、聚集性、可达性和权力分布等级差分别呈单调的负向关系；创新破坏度对"整体网"结构凝聚性、聚集性、可达性和权力分布等级差分别有倒U型调节作用。

在网络创新绩效方面，从产业技术发展三个阶段总体上看，群体搜索宽度和群体搜索深度分别与"整体网"创新绩效均值之间呈倒 U 型关系；群体搜索宽度和群体搜索深度分别与"整体网"创新绩效方差之间呈负向关系；创新破坏度能够放大和延长群体搜索宽度和深度对"整体网"创新绩效均值的正向作用。

7.1.3 创新网络"个体网"演化规律

本书基于 CAS 理论，应用主体建模仿真方法，研究在不同创新破坏度环境下，创新网络"个体网"演化的网络结构特征和创新绩效数值特征。研究结果显示，企业个体搜索宽度和深度分别对"个体网"的网络结构和创新绩效具有显著的影响，但宽度和深度的影响效果受创新破坏度调节。

在网络结构方面，个体搜索宽度主要影响"个体网"规模，表现为正向促进作用，且作用力度随着创新破坏度的提升而不断增强至相对稳定。个体搜索深度主要影响"个体网"强度，表现为正向促进作用，且作用力度随着创新破坏度的提升而不断增强至相对稳定。

在创新绩效方面，个体搜索宽度主要影响"个体网"实现超高创新绩效的可能性，主要表现为一定强度的正向促进作用，且作用力度随着创新破坏度的提升而不断增强至相对稳定水平。个体搜索深度主要影响"个体网"创新绩效平均/一般水平，表现为较强的正向促进作用，随着创新破坏度提升，该正向作用力度在一定程度上被放大。

7.2　实践启示

创新破坏度体现了创新网络所处产业的技术创新发展水平和市场产品结构情况，能够在一定程度上映射产业当前所处的发展阶段。而绩效问题是社会经济实践中，政府和企业最为关心的问题。因此，在不同创新破坏度环境下，创新网络"整体网"与"个体网"在演化过程中所表现出的绩效特征对政府开放式创新政策设计和企业开放式创新战略制定有着重要的实践启示，即开放式创新政策和战略与系统所处产业生命周期阶段的"适配"原则。

（1）在产业早期形成的涌现阶段。产业中尚未形成特定的产品设计和技术标准，游离大量的产品创新机会和机遇。相应地，产业中的企业普遍有较大的成长空间，其技术创新预期收益极为可观。此时，政府创新政策应主要关注如何全面提升创新网络的整体创新产出上，较高的企业群体创新绩效均值则是此阶段创新政策追逐的目标，而较高水平的群体开放度有利于此目标的实现。因此，创新政策应偏向"积极型"，即提倡和鼓励个体企业开放边界，刺激网络内群体搜索深度和宽度维持在较高水平上。

但对企业而言，把握机遇，尽可能实现超高创新绩效，以尽早在市场竞争中抢占先机和确立行业领先地位，才是此阶段的第一要务。此时，"激进型"开放式创新战略，即较高的宽度和适中的深度，有利于企业实现超高绩效，应是此阶段的主流开放式创新战略。

（2）产业步入稳步发展阶段。伴随主导产品设计的形成和确立，创新破坏度逐渐回落至中等水平，网络中技术创新由"以产品创新为主导"转变为"产品创新和过程创新并举"，网络整体创新产出稳步提升。此时，政府创新政策应主要关注网络中的超常规成长问题，即如何扶植具有实现超高创新绩效产出潜力的"优质企业"，进而为创新网络引入新的增长点和打开新发展空间；较大的企业群体创新绩效方差和中高水平的企业群体创新绩效均值则是此阶段创新政策追逐的目标。在此阶段，中等水平的群体开放度有利于此目标的实现。因此，政府创新政策应转向"稳健型"，即适度鼓励个体企业开放边界，使群体搜索深度和宽度维持在适中水平上。

但对企业而言，企业应优先确保较高水平的平均创新产出，但企业仍有一定的机会实现超高创新绩效，以实现跨越式发展。因此，在产业稳步发展阶段，在维持高水平的平均创新绩效的前提下，企业应把握机遇，尽可能实现超高创新绩效，以尽早在市场竞争中抢占先机和确立行业领先地位。此时，企业应采用"导向型"开放式创新战略，即在明确创新方向的前提下，开展较高深度和适中宽度的开放式创新战略。

（3）产业步入相对成熟阶段。随着相关技术创新惯例化趋势和程度不断加深，创新环境破坏度进一步下降至较低水平，技术创新更多地表现为渐进式的过程创新。这意味着，尽管网络整体的创新产出规模较大，但潜在的创新发展空间已所剩无几。在这个阶段，政府创新政策应主要关注如何维持创新网络当前的高产出状态；而较高的企业群体创新绩效均值和较小的企业群体绩效方差是此阶段创新政策追逐的目标。在此阶段，较低水平的群体开放度有利于该目标的实现。因此，政府政策应转向"保守型"，即在创新网络中，大力缩减政策对企业开放式创新行为的扶持力度，使企业群体的搜索宽度和深度在市场机制调控下整体维持在较低水平。

但对企业而言，此阶段创新的主要任务是通过改良流程，优化生产效率，以实现市场竞争中的价格优势。而维持高水平的平均创新绩效是这一阶段的主要目标。此时，"温和型"开放式创新战略，即明确创新方向，控制创新成本，开展中等深度和较低宽度的开放式创新战略，应是此阶段的主流开放式创新战略。

7.3　研究局限与未来展望

本书聚焦在特定区域空间，研究由来自同一产业或相关行业、地位相对平等的彼此间相互影响和相互依赖的高科技中小企业所组成的"区域单产业集群创新网络"的演化规律。由于研究问题的复杂性，笔者时间精力和个人能力的限制，以及在客观上部分文献资料获取的困难，本书在以下几个方面还存在不足：

（1）开放式创新行为种类繁多，从知识在企业边界内外的流动方向来看，可分为内向型和外向型两大基本类型，而每一基本类型又下辖多种子类。本书只对一种内向型开放式创新行为——外部知识搜索行为开展系统化研究。这导致以此为基础建立的"整体网"和"个体网"主体仿真模型的普适性降低。

（2）创新网络环境的概念内涵极为丰富，本书聚焦网络环境的创新破坏度特征，研究其对创新网络系统演化的影响；而对其他重要环境要素，如法律法规、社会文化、市场紧急性（market turbelance）等，则没有涉及。这在一定程度上制约了本书所形成的关于"整体网"和"个体网"演化规律的可推广性。

（3）在"个体网"创新绩效研究方面，本书关注每个"个体网"创新绩效分布的方差，分析"个体网"演化过程中"极端绩效实现可能性"的变化规律。然而本书提及的"极端创新绩效"特指"极端好/高绩效"，所分析的绩效方差是在"右偏斜"视角下展开的。实际上，"左偏斜"视角下的绩效方差反映了"极端差/低绩效"发生可能性，在企业经济实践中有重要的指导意义。而缺少"左偏斜"视角下的绩效方差分析，必然导致相关结论对企业开放式创新战略制定的实践指导价值在一定程度上降低。

本书很难覆盖创新网络演化规律研究的各个方面，在本书研究基础之上，今后还需要针对上述不足进行深入的研究和扩充。

第一，对其他典型的开放式创新行为，如技术转让、外包、并购等，开展覆盖行为全过程的行为特征探索式案例研究，对各行为环节中的关键影响因素及其作用机制进行识别和分析，丰富和发展开放式创新行为研究，为创新网络"整体网"和"个体网"演化的模型构建提供更为坚实有力的建模基础。

第二，开展对其他关键创新环境要素的识别，研究它们对开放式创新行为驱动的"整体网"和"个体网"演化的调节作用，进而得出更为丰富的研究结论，以提升"整体网"和"个体网"演化规律的普适性和可推广性。

第三，在"个体网"绩效研究方面，关注"左偏斜"视角下的绩效分布方差，研究"个体网"演化过程中，绩效分布方差遭遇挫折和失败的可能性，进而为企业开放式创新实践提供更多有价值的理论指导。

附录 A　低创新破坏度环境下的
"整体网"网络结构特征

	$\lambda=0.5$；$\mu=0.2$	$\lambda=0.5$；$\mu=0.5$	$\lambda=0.5$；$\mu=0.8$

Den	0.0108	0.0073	0.0036
CC	0.0583	0.0367	0.0071
Di	98.667	99.172	99.582
Cen	0.0406	0.0327	0.0304

	$\lambda=0.5$；$\mu=0.2$	$\lambda=0.5$；$\mu=0.5$	$\lambda=0.5$；$\mu=0.8$

Den	0.0252	0.0135	0.0079
CC	0.3362	0.1101	0.0397
Di	95.024	98.110	99.101
Cen	0.0651	0.0481	0.0384

	$\lambda=0.5$；$\mu=0.2$	$\lambda=0.5$；$\mu=0.5$	$\lambda=0.5$；$\mu=0.8$

Den	0.0247	0.0133	0.0081
CC	0.3145	0.1271	0.0451
Di	95.104	98.235	98.976
Cen	0.0682	0.0483	0.0412

附图 A.1　低创新破坏度环境下第 500 时间步时刻的"整体网"结构示意

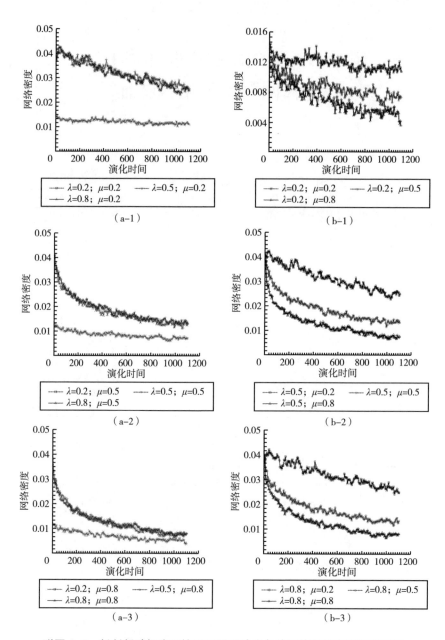

附图 A. 2　低创新破坏度环境下不同开放度条件下的网络密度变化趋势

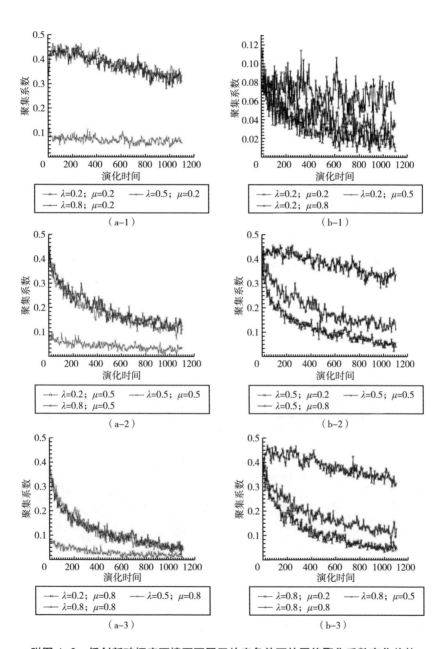

附图 A. 3 低创新破坏环境下不同开放度条件下的网络聚集系数变化趋势

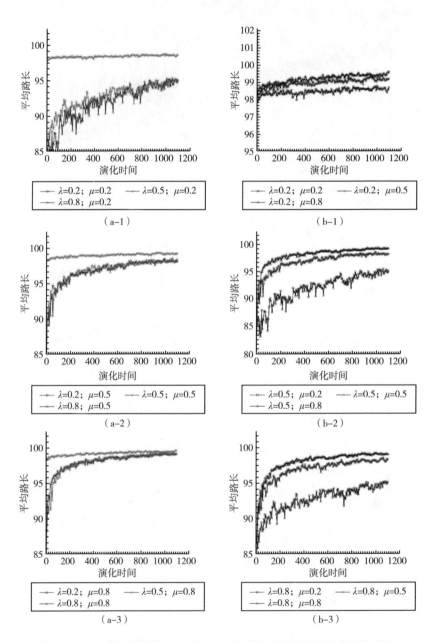

附图 A.4　低破坏度环境下不同开放度条件下的网络平均路长变化趋势

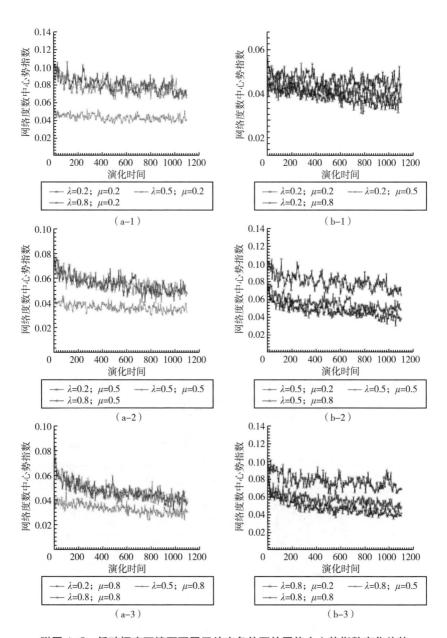

附图 A.5 低破坏度环境下不同开放度条件下的网络中心势指数变化趋势

附录 B 高创新破坏度环境下的 "整体网" 网络结构特征

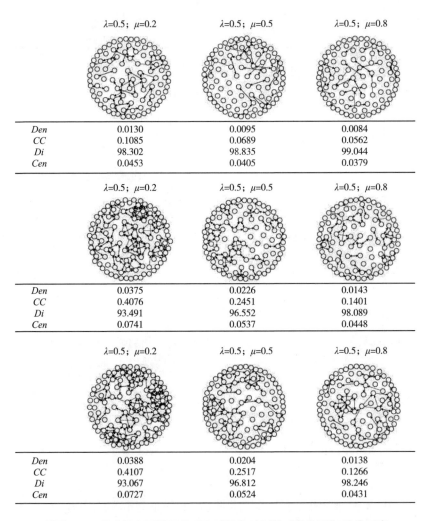

	$\lambda=0.5;\ \mu=0.2$	$\lambda=0.5;\ \mu=0.5$	$\lambda=0.5;\ \mu=0.8$
Den	0.0130	0.0095	0.0084
CC	0.1085	0.0689	0.0562
Di	98.302	98.835	99.044
Cen	0.0453	0.0405	0.0379

	$\lambda=0.5;\ \mu=0.2$	$\lambda=0.5;\ \mu=0.5$	$\lambda=0.5;\ \mu=0.8$
Den	0.0375	0.0226	0.0143
CC	0.4076	0.2451	0.1401
Di	93.491	96.552	98.089
Cen	0.0741	0.0537	0.0448

	$\lambda=0.5;\ \mu=0.2$	$\lambda=0.5;\ \mu=0.5$	$\lambda=0.5;\ \mu=0.8$
Den	0.0388	0.0204	0.0138
CC	0.4107	0.2517	0.1266
Di	93.067	96.812	98.246
Cen	0.0727	0.0524	0.0431

附图 B.1 高破坏度环境下第 500 时间步时刻的 "整体网" 结构示意

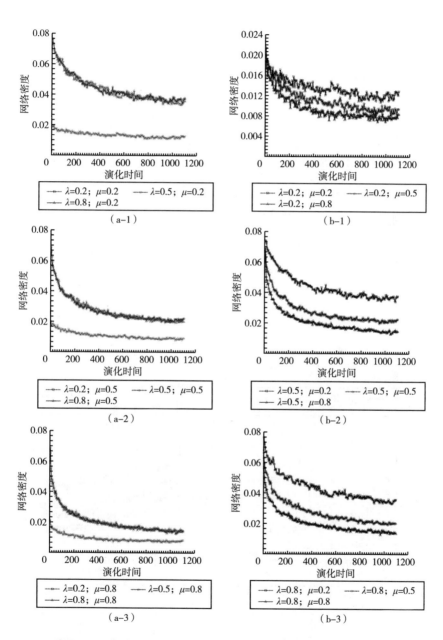

附图 B.2 高破坏度环境下不同开放度条件下的网络密度变化趋势

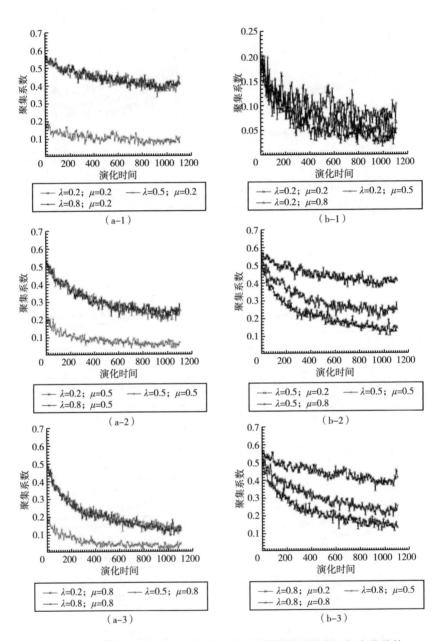

附图 B. 3　高破坏度环境下不同开放度条件下的网络聚集系数变化趋势

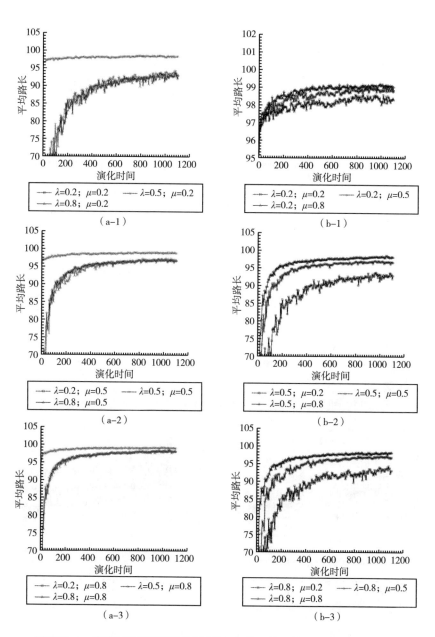

附图 B.4　高破坏度环境下不同开放度条件下的网络平均路长变化趋势

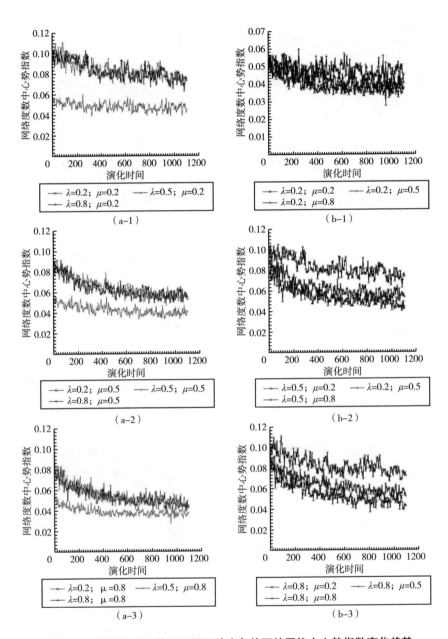

附图 B.5　高破坏度环境下不同开放度条件下的网络中心势指数变化趋势

参 考 文 献

[1] 蔡宁, 吴结兵, 殷鸣. 产业集群复杂网络的结构与功能分析 [J]. 经济地理, 2006, 26 (3): 378 – 382.

[2] 陈钰芬, 陈劲. 开放度对企业技术创新绩效的影响 [J]. 科学学研究, 2008, 26 (2): 419 – 426.

[3] 陈钰芬, 陈劲. 开放式创新: 机理与模式 [M]. 北京: 科学出版社, 2008.

[4] 戴亦欣, 胡赛全. 开放式创新对创新政策的影响——基于创新范式的视角 [J]. 科学学研究, 2014, 32 (11): 1723 – 1731.

[5] 党兴华, 弓志刚. 多维邻近性对跨区域技术创新合作的影响——基于中国共同专利数据的实证分析 [J]. 科学学研究, 2013, 31 (10): 1590 – 1600.

[6] 何铮, 谭劲松. 复杂理论在集群领域的研究——基于东莞 PC 集群的初步探讨 [J]. 管理世界, 2005 (12): 108 – 115.

[7] 黄玮强, 庄新田, 姚爽. 基于动态知识互补的企业集群创新网络演化研究 [J]. 科学学研究, 2011, 29 (10): 1557 – 1567.

[8] 贾晓辉. 基于复杂适应系统理论的产业集群创新主体行为研究 [D]. 哈尔滨: 哈尔滨工业大学, 2016.

[9] 来向红. 伙伴选择方式对创新网络绩效影响的仿真 [J]. 南京信息工程大学学报: 自然科学版, 2014, 6 (1): 17 – 25.

[10] 李柏洲, 孙立梅. 创新系统中科技中介组织的角色定位研究 [J]. 科学学与科学技术管理, 2010, 31 (9): 29 – 33.

［11］李臣明，赵嘉，徐立中等．复杂适应性系统建模与多 Agent 仿真及应用［M］．北京：科学出版社，2017．

［12］李守伟，钱省三．产业网络的复杂性研究与实证［J］．科学学研究，2006，24（4）：529－533．

［13］李昊，曹宏铎．集群演化网络模型与仿真研究［J］．管理学报，2010，7（3）：453－431．

［14］李万，常静，王敏杰，等．创新 3.0 与创新生态系统［J］．科学学研究，2014，32（12）：1761－1770．

［15］刘锦英．核心企业自主创新网络演化机理研究——以鸽瑞公司"冷轧钢带"自主创新为例［J］．管理评论，2014，26（2）：157－164．

［16］吕一博，程露，苏敬勤．"资源导向"的企业网络行为：一个社会网络视角的分析框架［J］．管理学报，2013（1）：70－76．

［17］吕一博，程露，苏敬勤．"资源导向"下中小企业集群网络演进的仿真研究［J］．科研管理，2013，34（1）：131－139．

［18］吕一博，蓝清，韩少杰．开放式创新生态系统的成长基因——基于 iOS，Android 和 Symbian 的多案例研究［J］．中国工业经济，2015（5）：148－160．

［19］钱锡红，杨永福，徐万里．企业网络位置，吸收能力与创新绩效——一个交互效应模型［J］．管理世界，2010（5）：118－129．

［20］全国 1997－2017 年高考人数和录取率统计［EB/OL］．https：//www.sohu.com/a/236639219_497961．

［21］田钢．基于 CAS 的集群创新网络演化模型及其影响因素研究［D］．北京：北京工业大学，2009．

［22］吴航，陈劲．企业外部知识搜索与创新绩效：一个新的理论框架［J］．科学学与科学技术管理，2015，36（4）：143－151．

［23］吴绍波，顾新．战略性新兴产业创新生态系统协同创新的治理模式选择研究［J］．研究与发展管理，2014，26（1）：13－21．

［24］徐建中，徐莹莹．企业协同能力，网络位置与技术创新绩效——

基于环渤海地区制造业企业的实证分析 [J]. 管理评论, 2015 (1): 114 – 125.

[25] 许强, 应翔君. 核心企业主导下传统产业集群和高技术产业集群协同创新网络比较——基于多案例研究 [J]. 软科学, 2012, 26 (6): 10 – 15.

[26] 曾国屏, 苟尤钊, 刘磊. 从"创新系统"到"创新生态系统" [J]. 科学学研究, 2013, 31 (1): 4 – 12.

[27] 郑胜华, 池仁勇. 核心企业合作能力, 创新网络与产业协同演化机理研究 [J]. 科研管理, 2017, 38 (6): 28 – 42.

[28] Acs Z J, Audretsch D B, Lehmann E E, et al. National systems of innovation [J]. The Journal of Technology Transfer, 2017, 42 (5): 997 – 1008.

[29] Adner R. Match your innovation strategy to your innovation ecosystem [J]. Harvard Business Review, 2006, 84 (4): 98.

[30] Agarwal R, Gort M. The evolution of markets and entry, exit and survival of firms [J]. The Review of Economics and Statistics, 1996: 489 – 498.

[31] Ahn J M, Minshall T, Mortara L. Open innovation: A new classification and its impact on firm performance in innovative SMEs [J]. Journal of Innovation Management, 2015, 3 (2): 33 – 54.

[32] Ahuja G. Collaboration networks, structural holes, and innovation: A longitudinal study [J]. Administrative Science Quarterly, 2000, 45 (3): 425 – 455.

[33] Albino V, Carbonara N, Giannoccaro I. Innovation in industrial districts: An agent-based simulation model [J]. International Journal of Production Economics, 2006, 104 (1): 30 – 45.

[34] Alexy O, George G, Salter A J. Cui bono? The selective revealing of knowledge and its implications for innovative activity [J]. Academy of Manage-

ment Review, 2013, 38 (2): 270 - 291.

[35] Andriani P, McKelvey B. Beyond Gaussian averages: Redirecting international business and management research toward extreme events and power laws [J]. Journal of International Business Studies, 2007, 38 (7): 1212 - 1230.

[36] Appleyard M M, Chesbrough H W. The dynamics of open strategy: From adoption to reversion [J]. Long Range Planning, 2017, 50 (3): 310 - 321.

[37] Ardito L, Petruzzelli A M. Breadth of external knowledge sourcing and product innovation: The moderating role of strategic human resource practices [J]. European Management Journal, 2017, 35 (2): 261 - 272.

[38] Arruda C, Rossi A, Mendes G, et al. The Influence of External Search Strategies on the Innovative Performance of Brazilian Firms [J]. Innovation and Management, 2013, 4 (1): 43 - 59.

[39] Asheim B T, Boschma R, Cooke P. Constructing regional advantage: Platform policies based on related variety and differentiated knowledge bases [J]. Regional studies, 2011, 45 (7): 893 - 904.

[40] Audretsch D B, Bönte W, Keilbach M. Entrepreneurship capital and its impact on knowledge diffusion and economic performance [J]. Journal of Business Venturing, 2008, 23 (6): 687 - 698.

[41] Balland P A, Boschma R, Frenken K. Proximity and innovation: From statics to dynamics [J]. Regional Studies, 2015, 49 (6): 907 - 920.

[42] Barabási A L, Albert R, Jeong H. Mean-field theory for scale-free random networks [J]. Physica A: Statistical Mechanics and Its Applications, 1999, 272 (1 - 2): 173 - 187.

[43] Barabási A L, Albert R. Emergence of scaling in random networks [J]. Science, 1999, 286 (5439): 509 - 512.

[44] Baum J A C, Cowan R, Jonard N. Does evidence of network effects

on firm performance in pooled cross-section support prescriptions for network strategy? [J]. Strategic Management Journal, 2014, 35 (5): 652 –667.

[45] Baum J A C, Cowan R, Jonard N. Network-independent partner selection and the evolution of innovation networks [J]. Management Science, 2010, 56 (11): 2094 –2110.

[46] Baum J A C, Haveman H A. Love thy neighbor? Differentiation and agglomeration in the Manhattan hotel industry, 1898 – 1990 [J]. Administrative Science Quarterly, 1997, 42 (2): 304 –338.

[47] Bayona-Sáez C, García-Marco T, Sanchez-García M, et al. The impact of open innovation on innovation performance: The case of Spanish agri-food firms [M] //Open Innovation in the Food and Beverage Industry. Woodhead Publishing Limited, 2013: 74 –94.

[48] Beatty S E, Smith S M. External search effort: An investigation across several product categories [J]. Journal of Consumer Research, 1987, 14 (1): 83 –95.

[49] Bekaert G, Harvey C R. Research in emerging markets finance: Looking to the future [J]. Emerging Markets Review, 2002, 3 (4): 429 –448.

[50] Belderbos R, Faems D, Leten B, et al. Technological activities and their impact on the financial performance of the firm: Exploitation and exploration within and between firms [J]. Journal of Product Innovation Management, 2010, 27 (6): 869 –882.

[51] Berardo R, Scholz J T. Self-organizing policy networks: Risk, partner selection, and cooperation in estuaries [J]. American Journal of Political Science, 2010, 54 (3): 632 –649.

[52] Berbegal-Mirabent J, Sabaté F, Cañabate A. Brokering knowledge from universities to the marketplace: The role of knowledge transfer offices [J]. Management Decision, 2012, 50 (7): 1285 –1307.

[53] Bergek A, Jacobsson S, Carlsson B, et al. Analyzing the functional

dynamics of technological innovation systems: A scheme of analysis [J]. Research Policy, 2008, 37 (3): 407 – 429.

[54] Boari C, Riboldazzi F. How knowledge brokers emerge and evolve: The role of actors' behaviour [J]. Research Policy, 2014, 43 (4): 683 – 695.

[55] Boccaletti S, Latora V, Moreno Y, et al. Complex networks: Structure and dynamics [J]. Physics Reports, 2006, 424 (4 – 5): 175 – 308.

[56] Boschma R, Fornahl D. Cluster evolution and a roadmap for future research [J]. Regional Studies, 2011, 45 (10): 1295 – 1298.

[57] Boschma R, Frenken K. The spatial evolution of innovation networks: A proximity perspective [M] //The Handbook of Evolutionary Economic Geography. Edward Elgar Publishing, 2010.

[58] Brenner T, Mühlig A. Factors and mechanisms causing the emergence of local industrial clusters: A meta-study of 159 cases [R]. Papers on Economics and Evolution, 2007.

[59] Brenner T. Local industrial clusters: Existence, emergence and evolution [M]. Routledge, 2004.

[60] Brenner T. Simulating the evolution oflocalised industrial clusters – an identification of the basic mechanisms [J]. Journal of Artificial Societies and Social Simulation, 2001, 4 (3): 4.

[61] Browning L D, Beyer J M, Shetler J C. Building cooperation in a competitive industry: Sematech and the semiconductor industry [J]. Academy of Management Journal, 1995, 38 (1): 113 – 151.

[62] Brunswicker S, Vanhaverbeke W. Open innovation in small and medium-sized enterprises (SMEs): External knowledge sourcing strategies and internal organizational facilitators [J]. Journal of Small Business Management, 2015, 53 (4): 1241 – 1263.

[63] Buchmann T, Hain D, Kudic M, et al. Dynamics of Innovation Net-

works in the German Automotive Industry: Analyzing the Structural Network Evolution using a Stochastic Actor-based Simulation Approach [J]. International Journal of Computational Economics and Econometrics, 2018, 8 (3 – 4): 325 – 344.

[64] Buchmann T. The Evolution of Innovation Networks: An Automotive Case Study [M]. Springer, 2015.

[65] Burt R S, Knez M. Kinds of third-party effects on trust [J]. Rationality and Society, 1995, 7 (3): 255 – 292.

[66] Burt R S. Structural holes versus network closure as social capital [M] //Social Capital. Routledge, 2017: 31 – 56.

[67] Cantner U, Graf H. 15 Innovation networks: Formation, performance and dynamics [J]. Handbook on the Economic Complexity of Technological Change, 2011, 27 (6): 555 – 561.

[68] Capello R. Collective learning in a milieu approach: Conceptual elements and empirical evidence from Italy [C] //ERSA conference papers. European Regional Science Association, 1998.

[69] Carlsson B, Jacobsson S, Holmén M, et al. Innovation systems: Analytical and methodological issues [J]. Research Policy, 2002, 31 (2): 233 – 245.

[70] Carnovale S, Yeniyurt S. The role of ego network structure in facilitating ego network innovations [J]. Journal of Supply Chain Management, 2015, 51 (2): 22 – 46.

[71] Carpenter M A, Li M, Jiang H. Social network research in organizational contexts: A systematic review of methodological issues and choices [J]. Journal of Management, 2012, 38 (4): 1328 – 1361.

[72] Cavarretta F, Furr N, Wuebker R J. Means and Extremes: Reinterpreting the Relationship Between Resources and New Venture Performance [C] //Academy of Management Proceedings. Briarcliff Manor, NY 10510:

Academy of Management, 2015（1）: 12919.

　　[73] Chan C M, Isobe T, Makino S. Which country matters? Institutional development and foreign affiliate performance [J]. Strategic Management Journal, 2008, 29（11）: 1179 – 1205.

　　[74] Chen J, Chen Y, Vanhaverbeke W. The influence of scope, depth, and orientation of external technology sources on the innovative performance of Chinese firms [J]. Technovation, 2011, 31（8）: 362 – 373.

　　[75] Chesbrough H W, Appleyard M M. Open innovation and strategy [J]. California Management Review, 2007, 50（1）: 57 – 76.

　　[76] Chesbrough H W. Open Innovation: The New Imperative for Creating and Profiting from Technology [M]. Harvard Business Press, 2006.

　　[77] Chesbrough H, Crowther A K. Beyond high tech: Early adopters of open innovation in other industries [J]. R&D Management, 2006, 36（3）: 229 – 236.

　　[78] Chesbrough H, Vanhaverbeke W, Bakici T, et al. Open innovation and public policy in Europe. ESADE Business School & the Science I Business Innovation Board AISBL [J]. Science Business, 2011.

　　[79] Chesbrough H. The Future of Open Innovation: The future of open innovation is more extensive, more collaborative, and more engaged with a wider variety of participants [J]. Research-Technology Management, 2017, 60（1）: 35 – 38.

　　[80] Chesbrough H. The logic of open innovation: Managing intellectual property [J]. California Management Review, 2003, 45（3）: 33 – 58.

　　[81] Chesbrough, Henry, Wim Vanhaverbeke, and Joel West, eds. Open Innovation: Researching a New Paradigm [M]. Oxford University Press on Demand, 2006.

　　[82] Chiang Y H, Hung K P. Exploring open search strategies and perceived innovation performance from the perspective of inter-organizational knowl-

edge flows [J]. R&D Management, 2010, 40 (3): 292 - 299.

[83] Chiles T H, Meyer A D, Hench T J. Organizational emergence: The origin and transformation of Branson, Missouri's musical theaters [J]. Organization Science, 2004, 15 (5): 499 - 519.

[84] Choi H, Kim S H, Lee J. Role of network structure and network effects in diffusion of innovations [J]. Industrial Marketing Management, 2010, 39 (1): 170 - 177.

[85] Cohen B, Almirall E, Chesbrough H. The city as a lab: Open innovation meets the collaborative economy [J]. California Management Review, 2016, 59 (1): 5 - 13.

[86] Coleman J S. Social capital in the creation of human capital [J]. American Journal of Sociology, 1988 (94): S95 - S120.

[87] Cooke P, Uranga M G, Etxebarria G. Regional innovation systems: Institutional and organisational dimensions [J]. Research Policy, 1997, 26 (4 - 5): 475 - 491.

[88] Cooke P. Complex Adaptive Innovation Systems: Relatedness and Transversality in the Evolving Region [M]. Routledge, 2013.

[89] Cowan R, Jonard N. Network structure and the diffusion of knowledge [J]. Journal of economic Dynamics and Control, 2004, 28 (8): 1557 - 1575.

[90] Cruz-González J, López-Sáez P, Navas-López J E, et al. Open search strategies and firm performance: The different moderating role of technological environmental dynamism [J]. Technovation, 2015 (35): 32 - 45.

[91] Cui T, Ye H J, Teo H H, et al. Information technology and open innovation: A strategic alignment perspective [J]. Information & Management, 2015, 52 (3): 348 - 358.

[92] Curley M, Salmelin B. Open Innovation 2. 0: A new paradigm [J]. OISPG White Paper, 2013: 1 - 12.

［93］Dahlander L, Gann D M. How open is innovation? ［J］. Research Policy, 2010, 39（6）: 699 - 709.

［94］Danneels E. Disruptive technology reconsidered: A critique and research agenda ［J］. Journal of Product Innovation Management, 2004, 21（4）: 246 - 258.

［95］Das T K, Teng B S. Trust, control, and risk in strategic alliances: An integrated framework ［J］. Organization Studies, 2001, 22（2）: 251 - 283.

［96］de Oliveira L S, Echeveste M E S, Cortimiglia M N, et al. Analysis of determinants for Open Innovation implementation in Regional Innovation Systems ［J］. RAI Revista de Administração e Inovação, 2017, 14（2）: 119 - 129.

［97］de Vasconcelos Gomes L A, Facin A L F, Salerno M S, et al. Unpacking the innovation ecosystem construct: Evolution, gaps and trends ［J］. Technological Forecasting and Social Change, 2018（136）: 30 - 48.

［98］Dittrich K, Duysters G. Networking as a means to strategy change: The case of open innovation in mobile telephony ［J］. Journal of Product Innovation Management, 2007, 24（6）: 510 - 521.

［99］Dobbins M, Robeson P, Ciliska D, et al. A description of a knowledge broker role implemented as part of a randomized controlled trial evaluating three knowledge translation strategies ［J］. Implementation Science, 2009, 4（1）: 23.

［100］Dyer J H, Singh H. The relational view: Cooperative strategy and sources ofinterorganizational competitive advantage ［J］. Academy of Management Review, 1998, 23（4）: 660 - 679.

［101］Ebers M. The Formation of Inter-organizational Networks ［M］. Oxford University Press, 1999.

［102］Eisenhardt K M, Graebner M E. Theory building from cases: Opportunities and challenges ［J］. The Academy of Management Journal, 2007,

50 (1): 25 – 32.

[103] Enkel E, Gassmann O, Chesbrough H. Open R&D and open inno-vation: Exploring the phenomenon [J]. R&D Management, 2009, 39 (4): 311 – 316.

[104] Escribano A, Fosfuri A, Tribó J A. Managing external knowledge flows: The moderating role of absorptive capacity [J]. Research Policy, 2009, 38 (1): 96 – 105.

[105] Ezell S, Atkinson R. The good, the bad, and the ugly (and the self-destructive) of innovation policy: A policymaker's guide to crafting effective innovation policy [J/OL]. The Information Technology & Innovation Founda-tion, 2010 (10). https: //ssrn. com/abstract – 1722845.

[106] Faems D, De Visser M, Andries P, et al. Technology alliance port-folios and financial performance: Value-enhancing and cost-increasing effects of open innovation [J]. Journal of Product Innovation Management, 2010, 27 (6): 785 – 796.

[107] Falci C, McNeely C. Too many friends: Social integration, network cohesion and adolescent depressive symptoms [J]. Social Forces, 2009, 87 (4): 2031 – 2061.

[108] Fang E, Lee J, Palmatier R, et al. If it takes a village to foster in-novation, success depends on the neighbors: The effects of global and ego net-works on new product launches [J]. Journal of Marketing Research, 2016, 53 (3): 319 – 337.

[109] Ferreras-Méndez J L, Fernández-Mesa A, Alegre J. The relation-ship between knowledge search strategies and absorptive capacity: A deeper look [J]. Technovation, 2016 (54): 48 – 61.

[110] Ferreras-Méndez J L, Newell S, Fernández-Mesa A, et al. Depth and breadth of external knowledge search and performance: The mediating role of absorptive capacity [J]. Industrial Marketing Management, 2015 (47): 86 – 97.

［111］Findlay R. Relative backwardness, direct foreign investment, and the transfer of technology: A simple dynamic model ［J］. The Quarterly Journal of Economics, 1978, 92 (1): 1 – 16.

［112］Flor M L, Cooper S Y, Oltra M J. External knowledge search, absorptive capacity and radical innovation in high-technology firms ［J］. European Management Journal, 2018, 36 (2): 183 – 194.

［113］Freeman C. Technology Policy and Economic Performance ［M］. Great Britain: Pinter Publishers, 1989.

［114］Freeman L C. Centrality in social networks conceptual clarification ［J］. Social Networks, 1978, 1 (3): 215 – 239.

［115］Fujiwara Y, Aoyama H. Large-scale structure of a nation-wide production network ［J］. The European Physical Journal B, 2010, 77 (4): 565 – 580.

［116］Garcia B C, Rodriguez A L. Emerging techno-ecosystems: Knowledge networks that shape urban innovation spaces ［J］. The 7th Knowledge Cities World Summit, 2014: 45.

［117］Garcia R. Uses of agent-based modeling in innovation/new product development research ［J］. Journal of Product Innovation Management, 2005, 22 (5): 380 – 398.

［118］Garcia-Pont C, Nohria N. Local versus global mimetism: The dynamics of alliance formation in the automobile industry ［J］. Strategic Management Journal, 2002, 23 (4): 307 – 321.

［119］Garriga H, Von Krogh G, Spaeth S. How constraints and knowledge impact open innovation ［J］. Strategic Management Journal, 2013, 34 (9): 1134 – 1144.

［120］Gassmann O, Enkel E. Towards a theory of open innovation: Three core process archetypes ［C］. R&D Management Conference (RADMA), 2004 (6): 1 – 18.

[121] Gay B. Open innovation, networking, and business model dynamics: The two sides [J]. Journal of Innovation and Entrepreneurship, 2014, 3 (1): 2.

[122] Giuliani E. Networks of innovation [M] //Cooke P et al. Handbook of Regional Innovation and Growth London: King's College, 2011: 155 – 167.

[123] Giuliani E. Role of technological gatekeepers in the growth of industrial clusters: Evidence from Chile [J]. Regional Studies, 2011, 45 (10): 1329 – 1348.

[124] Glueckler J, Doreian P. social network analysis and economic geography—positional, evolutionary and multi-level approaches [J]. Journal of Economic Geography, 2016, 16 (6): 1123 – 1134.

[125] Gobble M A M. Charting the innovation ecosystem [J]. Research-Technology Management, 2014, 57 (4): 55 – 59.

[126] Goerzen A, Beamish P W. The effect of alliance network diversity on multinational enterprise performance [J]. Strategic Management Journal, 2005, 26 (4): 333 – 354.

[127] Govindarajan V, Kopalle P K. Disruptiveness of innovations: Measurement and an assessment of reliability and validity [J]. Strategic Management Journal, 2006, 27 (2): 189 – 199.

[128] Granovetter M. The strength of weak ties: A network theory revisited [J]. Sociological Theory, 1983: 201 – 233.

[129] Grimpe C, Kaiser U. Balancing internal and external knowledge acquisition: The gains and pains from R&D outsourcing [J]. Journal of Management Studies, 2010, 47 (8): 1483 – 1509.

[130] Gulati R. Social structure and alliance formation patterns: A longitudinal analysis [J]. Administrative Science Quarterly, 1995: 619 – 652.

[131] Hasche N, Linton G, Öberg C. Trust in open innovation-the case of a med-tech start-up [J]. European Journal of Innovation Management, 2017,

20 (1): 31 –49.

[132] Hautala J. Cognitive proximity in international research groups [J]. Journal of Knowledge Management, 2011, 15 (4): 601 –624.

[133] Hekkert M P, Suurs R A A, Negro S O, et al. Functions of innovation systems: A new approach for analyzing technological change [J]. Technological Forecasting and Social Change, 2007, 74 (4): 413 –432.

[134] Herstad S J, Bloch C, Ebersberger B, et al. National innovation policy and global open innovation: Exploring balances, tradeoffs and complementarities [J]. Science and Public Policy, 2010, 37 (2): 113 –124.

[135] Herstad S, Brekke T. Globalization, modes of innovation and regional knowledge diffusion infrastructures [J]. European Planning Studies, 2012, 20 (10): 1603 –1625.

[136] Hossain M. A review of literature on open innovation in small and medium-sized enterprises [J]. Journal of Global Entrepreneurship Research, 2015, 5 (1): 6.

[137] Hsieh K N, Tidd J. Open versus closed new service development: The influences of project novelty [J]. Technovation, 2012, 32 (11): 600 – 608.

[138] Hu Y, McNamara P, McLoughlin D. Outbound open innovation in bio-pharmaceutical out-licensing [J]. Technovation, 2015 (35): 46 –58.

[139] Huggins R. Forms of Network Resource: Knowledge Access and the Role of Inter-Firm Networks [J]. International Journal of Management Reviews, 2010, 12 (3): 335 –352.

[140] Huizingh E K R E. Open innovation: State of the art and future perspectives [J]. Technovation, 2011, 31 (1): 2 –9.

[141] Hung K P, Chiang Y H. Open innovation proclivity, entrepreneurial orientation, and perceived firm performance [J]. International Journal of Technology Management, 2010, 52 (3/4): 257 –274.

[142] Hung K P, Chou C. The impact of open innovation on firm performance: The moderating effects of internal R&D and environmental turbulence [J]. Technovation, 2013, 33 (10 – 11): 368 – 380.

[143] Jarrett J, Blake M B. Collaborative Infrastructure for On – Demand-Crowdsourced Tasks [C] //Enabling Technologies: Infrastructure for Collaborative Enterprises (WETICE), 2015 IEEE 24th International Conference on. IEEE, 2015: 9 – 14.

[144] Jeon J, Kim S, Koh J. Historical review on the patterns of open innovation at the national level: The case of the roman period [J]. Journal of Open Innovation: Technology, Market, and Complexity, 2015, 1 (1): 20.

[145] Kang K H, Kang J. How do firms source external knowledge for innovation? Analysing effects of different knowledge sourcing methods [J]. International Journal of Innovation Management, 2009, 13 (1): 1 – 17.

[146] Katila R, Ahuja G. Something old, something new: A longitudinal study of search behavior and new product introduction [J]. Academy of Management Journal, 2002, 45 (6): 1183 – 1194.

[147] Kesidou E, Snijders C. External knowledge and innovation performance in clusters: Empirical evidence from the Uruguay software cluster [J]. Industry and Innovation, 2012, 19 (5): 437 – 457.

[148] Kilduff M, Tsai W. Social Networks and Organizations [M]. Sage, 2003.

[149] Kim B, Kim E, Foss N J. Balancing absorptive capacity and inbound open innovation for sustained innovative performance: An attention-based view [J]. European Management Journal, 2016, 34 (1): 80 – 90.

[150] Kim J Y, Kim J Y, Miner A S. Organizational learning from extreme performance experience: The impact of success and recovery experience [J]. Organization Science, 2009, 20 (6): 958 – 978.

[151] Kim T Y, Oh H, Swaminathan A. Framing interorganizational net-

work change: A network inertia perspective [J]. Academy of Management Review, 2006, 31 (3): 704 – 720.

[152] Kirschbaum R. Open innovation in practice [J]. Research Technology Management, 2005, 48 (4): 24 – 28.

[153] Klein M, Sauer A. Celebrating 30 years of innovation system research: What you need to know about innovation systems [R]. Hohenheim Discussion Papers in Business, Economics and Social Sciences, 2016.

[154] Klepper S. Industry life cycles [J]. Industrial and Corporate Change, 1997, 6 (1): 145 – 182.

[155] Koendjbiharie S. The Information-Based View on Business Network Performance: Revealing the Performance of Interorganizational Networks [D]. Erasmus University Rotterdam, 2014.

[156] Krackhardt D. The Strength of strong ties: The importance of philos in organizations [M] //Nohria N & Eccles R. Networks and Organizations: Structure, Form, and Action. Boston: Harvard Business School Press, 1992: 216 – 239.

[157] Kudic M, Guenther J. Understanding the Complex Nature of Innovation Network Evolution [M] //Foundations of Economic Change. Springer, Cham, 2017: 501 – 524.

[158] Kutvonen A. Strategic application of outbound open innovation [J]. European Journal of Innovation Management, 2011, 14 (4): 460 – 474.

[159] Langfield-Smith K. The relations between transactional characteristics, trust and risk in the start-up phase of a collaborative alliance [J]. Management Accounting Research, 2008, 19 (4): 344 – 364.

[160] Lau A K W, Lo W. Regional innovation system, absorptive capacity and innovation performance: An empirical study [J]. Technological Forecasting and Social Change, 2015 (92): 99 – 114.

[161] Laursen K, Salter A. Open for innovation: The role of openness in

explaining innovation performance among UK manufacturing firms [J]. Strategic Management Journal, 2006, 27 (2): 131 – 150.

[162] Lee S M, Olson D L, Trimi S. Co-innovation: Convergenomics, collaboration, and co – creation for organizational values [J]. Management Decision, 2012, 50 (5): 817 – 831.

[163] Lee S, Park G, Yoon B, et al. Open innovation in SMEs—An intermediated network model [J]. Research Policy, 2010, 39 (2): 290 – 300.

[164] Levinthal D A. Strategic management and the exploration of diversity [M] //Resource-based and Evolutionary Theories of the Firm: Towards a Synthesis. Springer, Boston, MA, 1995: 19 – 42.

[165] Li D, Eden L, Hitt M A, et al. Friends, acquaintances, or strangers? Partner selection in R&D alliances [J]. Academy of Management Journal, 2008, 51 (2): 315 – 334.

[166] Li Y R. The technological roadmap of Cisco's business ecosystem [J]. Technovation, 2009, 29 (5): 379 – 386.

[167] Lichtenthaler U, Ernst H. Innovation intermediaries: Why internet marketplaces for technology have not yet met the expectations [J]. Creativity and Innovation Management, 2008, 17 (1): 14 – 25.

[168] Lichtenthaler U. A note on outbound open innovation and firm performance [J]. R&D Management, 2015, 45 (5): 606 – 608.

[169] Lichtenthaler U. Open innovation: Past research, current debates, and future directions [J]. Academy of Management Perspectives, 2011, 25 (1): 75 – 93.

[170] Lichtenthaler U. Outbound open innovation and its effect on firm performance: Examining environmental influences [J]. R&D Management, 2009, 39 (4): 317 – 330.

[171] Love J H, Roper S, Vahter P. Learning from openness: The dynamics of breadth in external innovation linkages [J]. Strategic Management

Journal, 2014, 35 (11): 1703 – 1716.

[172] Lundvall B-A. Innovation as an interactive process: From user-producer interaction to the national system of innovation [J]. China Soft Science, 1988: 349 – 369.

[173] Lundvall B-A. National Systems of Innovation: Toward a Theory of Innovation and Interactive Learning [M]. Anthem press, 1995.

[174] Makino S, Chan C M. Skew and heavy-tail effects on firm performance [J]. Strategic Management Journal, 2017, 38 (8): 1721 – 1740.

[175] March J G. Exploration and exploitation in organizational learning [J]. Organization Science, 1991, 2 (1): 71 – 87.

[176] Martin R, Moodysson J. Comparing knowledge bases: On the geography and organization of knowledge sourcing in the regional innovation system of Scania, Sweden [J]. European Urban and Regional Studies, 2013, 20 (2): 170 – 187.

[177] Martin R, Sunley P. Conceptualizing cluster evolution: beyond the life cycle model? [J]. Regional Studies, 2011, 45 (10): 1299 – 1318.

[178] Martini A, Aloini D, Neirotti P. Degree of Openness and Performance in the Search for Innovation [J]. International Journal of Engineering Business Management, 2012, 4 (Godište 2012): 4 – 37.

[179] Menzel M P, Fornahl D. Cluster life cycles—dimensions and rationales of cluster evolution [J]. Industrial and Corporate Change, 2009, 19 (1): 205 – 238.

[180] Menzel M P, Henn S, Fornahl D. Emerging clusters: A conceptual overview [M] //Fornahl D. Emerging Clusters: Theoretical, Empirical and Political Perspectives on the Initial Stage of Cluster Evolution, 2010: 1 – 12.

[181] Mina A, Bascavusoglu-Moreau E, Hughes A. Open service innovation and the firm's search for external knowledge [J]. Research Policy, 2014, 43 (5): 853 – 866.

[182] Minshall T, Kouris S, Mortara L, et al. Developing infrastructure to support open innovation: Case studies from the east of england [J]. International Journal of Innovation and Technology Management, 2014, 11 (1): 1440006.

[183] Mitchell R, Boyle B, Burgess J, et al. You Can't Make a Good Wine without a Few Beers: Gatekeepers and knowledge flow in industrial districts [J]. Journal of Business Research, 2014, 67 (10): 2198 – 2206.

[184] Moeller K. Partner selection, partner behavior, and business network performance: An empirical study on German business networks [J]. Journal of Accounting & Organizational Change, 2010, 6 (1): 27 – 51.

[185] Montobbio F, Sterzi V. The globalization of technology in emerging markets: A gravity model on the determinants of international patent collaborations [J]. World Development, 2013 (44): 281 – 299.

[186] Moore J F. The Death of Competition: Leadership and Strategy in the Age of Business Ecosystems [M]. New York: HarperBusiness, 1996.

[187] Morrison A, Rabellotti R, Zirulia L. When do global pipelines enhance the diffusion of knowledge in clusters? [J]. Economic Geography, 2013, 89 (1): 77 – 96.

[188] Mowery D C, Oxley J E, Silverman B S. Technological overlap andinterfirm cooperation: Implications for the resource-based view of the firm [J]. Research Policy, 1998, 27 (5): 507 – 523.

[189] Müller M, Buchmann T, Kudic M. Micro strategies and macro patterns in the evolution of innovation networks: An agent-based simulation approach [M] //Simulating Knowledge Dynamics in Innovation Networks. Springer, Berlin, Heidelberg, 2014: 73 – 95.

[190] Newman M E J, Girvan M. Finding and evaluating community structure in networks [J]. Physical Review E, 2004, 69 (2): 026113.

[191] Nooteboom B, Van Haverbeke W, Duysters G, et al. Optimal cog-

nitive distance and absorptive capacity [J]. Research Policy, 2007, 36 (7): 1016 – 1034.

[192] Oh D S, Phillips F, Park S, et al. Innovation ecosystems: A critical examination [J]. Technovation, 2016 (54): 1 – 6.

[193] Oluwatope O B, Adeyeye A D, Egbetokun A A, et al. Knowledge sources and innovative performance: Evidence from Nigerian manufacturing firms [J]. International Journal of Business Innovation and Research, 2016, 10 (2 – 3): 209 – 224.

[194] Parida V, Westerberg M, Frishammar J. Inbound open innovation activities in high-tech SMEs: The impact on innovation performance [J]. Journal of Small Business Management, 2012, 50 (2): 283 – 309.

[195] Parra-Requena G, Molina-Morales F X, García-Villaverde P M. The mediating effect of cognitive social capital on knowledge acquisition in clustered firms [J]. Growth and Change, 2010, 41 (1): 59 – 84.

[196] Peltoniemi M. Industry life-cycle theory in the cultural domain: Dynamics of the games industry [D]. Tampereen teknillinen yliopisto. Finland: Julkaisu-Tampere University of Technology, 2009.

[197] Perkmann M, Walsh K. University-industry relationships and open innovation: Towards a research agenda [J]. International Journal of Management Reviews, 2007, 9 (4): 259 – 280.

[198] Peyrache-Gadeau V. Natural resources, innovative milieux and the environmentally sustainable development of regions [J]. European Planning Studies, 2007, 15 (7): 945 – 959.

[199] Porter M E. Clusters and the New Economics of Competition [M]. Boston: Harvard Business Review, 1998.

[200] Porto Gómez I, Otegi Olaso J R, Zabala-Iturriagagoitia J M. ROSA, ROSAE, ROSIS: Modelling a regional open sectoral innovation system [J]. Entrepreneurship & Regional Development, 2016, 28 (1 – 2): 26 – 50.

[201] Powell WW, Koput K W, Smith-Doerr L. Interorganizational collaboration and the locus of innovation: Networks of learning in biotechnology [J]. Administrative Science Quarterly, 1996: 116 – 145.

[202] Powell WW, White D R, Koput K W, et al. Network dynamics and field evolution: The growth of interorganizational collaboration in the life sciences [J]. American Journal of Sociology, 2005, 110 (4): 1132 – 1205.

[203] Provan K G, Fish A, Sydow J. Interorganizational networks at the network level: A review of the empirical literature on whole networks [J]. Journal of Management, 2007, 33 (3): 479 – 516.

[204] Purcell R, Mcgrath F. The Search for External Knowledge [J]. Electronic Journal of Knowledge Management, 2013, 11 (2): 158 – 167.

[205] Rahman H, Ramos I. Open Innovation in SMEs: From closed boundaries to networked paradigm [J]. Issues in Informing Science and Information Technology, 2010, 7 (4): 471 – 487.

[206] Rahmandad H, Sterman J. Heterogeneity and network structure in the dynamics of diffusion: Comparing agent-based and differential equation models [J]. Management Science, 2008, 54 (5): 998 – 1014.

[207] Rauch J E. Does history matter only when it matters little? The case of city – industry location [J]. The Quarterly Journal of Economics, 1993, 108 (3): 843 – 867.

[208] Ritala P, Almpanopoulou A. In defense of "eco" in innovation ecosystem [J]. Technovation, 2017 (60): 39 – 42.

[209] Robins G, Pattison P, Wang P. Closure, connectivity and degree distributions: Exponential random graph (p ∗) models for directed social networks [J]. Social Networks, 2009, 31 (2): 105 – 117.

[210] Rohrbeck R, Hölzle K, Gemünden H G. Opening up for competitive advantage-How Deutsche Telekom creates an open innovation ecosystem [J]. R&D Management, 2009, 39 (4): 420 – 430.

[211] Romano A, Passiante G, Del Vecchio P, et al. The innovation ecosystem as booster for the innovative entrepreneurship in the smart specialisation strategy [J]. International Journal of Knowledge-Based Development, 2014, 5 (3): 271 –288.

[212] Rosenkopf L, Almeida P. Overcoming local search through alliances and mobility [J]. Management Science, 2003, 49 (6): 751 –766.

[213] Rosenkopf L, Nerkar A. Beyond local search: Boundary-spanning, exploration, and impact in the optical disk industry [J]. Strategic Management Journal, 2001, 22 (4): 287 –306.

[214] Rowley T J. Moving beyond dyadic ties: A network theory of stakeholder influences [J]. Academy of Management Review, 1997, 22 (4): 887 – 910.

[215] Ruiz-Ortega M J, Parra-Requena G, García-Villaverde P M. Do territorial agglomerations still provide competitive advantages? A study of social capital, innovation, and knowledge [J]. International Regional Science Review, 2016, 39 (3): 259 –290.

[216] Rullani E. The Industrial Cluster as a Complex Adaptive System [M] //Complexity and industrial clusters. Physica-Verlag HD, 2002: 35 –61.

[217] Rychen F, Zimmermann J B. Clusters in the global knowledge-based economy: Knowledge gatekeepers and temporary proximity [J]. Regional Studies, 2008, 42 (6): 767 –776.

[218] Sammarra A, Biggiero L. Heterogeneity and specificity of Inter-Firm knowledge flows in innovation networks [J]. Journal of Management Studies, 2008, 45 (4): 800 –829.

[219] Sandström A, Carlsson L. The performance of policy networks: The relation between network structure and network performance [J]. Policy Studies Journal, 2008, 36 (4): 497 –524.

[220] Savin I, Egbetokun A. Emergence of innovation networks from

R&D cooperation with endogenous absorptive capacity [J]. Journal of Economic Dynamics and Control, 2016 (64): 82 – 103.

[221] Saxenian A L. Regional networks: Industrial adaptation in Silicon Valley and route 128 [J]. Cityscape: A Journal of Policy Development and Research, 1996, 2 (2): 41 – 60.

[222] Schilling M A, Phelps CC. Interfirm collaboration networks: The impact of large-scale network structure on firm innovation [J]. Management Science, 2007, 53 (7): 1113 – 1126.

[223] Schweitzer F M, Gassmann O, Gaubinger K. Open innovation and its effectiveness to embrace turbulent environments [J]. International Journal of Innovation Management, 2011, 15 (6): 1191 – 1207.

[224] Schwerdtner W, Siebert R, Busse M, et al. Regional open innovation roadmapping: A new framework for innovation-based regional development [J]. Sustainability, 2015, 7 (3): 2301 – 2321.

[225] Segarra-Ciprés M, Bou-Llusar J C. External knowledge search for innovation: The role of firms' innovation strategy and industry context [J]. Journal of Knowledge Management, 2018, 22 (2): 280 – 298.

[226] Sisodiya S R, Johnson J L, Grégoire Y. Inbound open innovation for enhanced performance: Enablers and opportunities [J]. Industrial Marketing Management, 2013, 42 (5): 836 – 849.

[227] Snijders T A B, Pattison P E, Robins G L, et al. New specifications for exponential random graph models [J]. Sociological Methodology, 2006, 36 (1): 99 – 153.

[228] Sorenson O. Social networks and industrial geography [M] //Entrepreneurships, the New Economy and Public Policy. Springer, Berlin, Heidelberg, 2005: 55 – 69.

[229] Spender J C, Corvello V, Grimaldi M, et al. Startups and open innovation: A review of the literature [J]. European Journal of Innovation Man-

agement, 2017, 20 (1): 4 – 30.

[230] Spithoven A, Clarysse B, Knockaert M. Building absorptive capacity to organise inbound open innovation in traditional industries [J]. Technovation, 2010, 30 (2): 130 – 141.

[231] Staber U. Spatial Proximity and Firm Survival in a Declining Industrial District: The Case of Knitwear Firms in Baden-Württemberg [J]. Regional Studies, 2001, 35 (4): 329 – 341.

[232] Straub D, Rai A, Klein R. Measuring firm performance at the network level: A nomology of the business impact of digital supply networks [J]. Journal of Management Information Systems, 2004, 21 (1): 83 – 114.

[233] Stuart T E, Podolny J M. Local search and the evolution of technological capabilities [J]. Strategic Management Journal, 1996, 17 (S1): 21 – 38.

[234] Swan J, Newell S, Scarbrough H, et al. Knowledge management and innovation: Networks and networking [J]. Journal of Knowledge Management, 1999, 3 (4): 262 – 275.

[235] Tang J, Crossan M, Rowe W G. Dominant CEO, deviant strategy, and extreme performance: The moderating role of a powerful board [J]. Journal of Management Studies, 2011, 48 (7): 1479 – 1503.

[236] Tavassoli S. Innovation determinants over industry life cycle [J]. Technological Forecasting and Social Change, 2015 (91): 18 – 32.

[237] Terjesen S, Patel P C. In search of process innovations: The role of search depth, search breadth, and the industry environment [J]. Journal of Management, 2017, 43 (5): 1421 – 1446.

[238] Tomasello M V, Tessone C J, Schweitzer F. A model of dynamic rewiring and knowledge exchange in R&D networks [J]. Advances in Complex Systems, 2016, 19 (01n02): 1650004.

[239] Tomasello M V. Collaboration networks: Their formation and evolution [D]. ETH Zurich, 2015.

［240］ Tur E M, Azagra-Caro J M. The coevolution of endogenous knowledge networks and knowledge creation ［J］. Journal of Economic Behavior & Organization, 2018 （145）: 424 –434.

［241］ Uzzi B, Spiro J. Collaboration and creativity: The small world problem ［J］. American Journal of Sociology, 2005, 111 （2）: 447 –504.

［242］ Van de Vrande V, De Jong J P J, Vanhaverbeke W, et al. Open innovation in SMEs: Trends, motives and management challenges ［J］. Technovation, 2009, 29 （6 –7）: 423 –437.

［243］ Van de Vrande V, Vanhaverbeke W, Gassmann O. Broadening the scope of open innovation: Past research, current state and future directions ［J］. International Journal of Technology Management, 2010, 52 （3/4）: 221 –235.

［244］ Van der Valk T, Chappin M M H, Gijsbers G W. Evaluating innovation networks in emerging technologies ［J］. Technological Forecasting and Social Change, 2011, 78 （1）: 25 –39.

［245］ Van Dijk M P. Small Enterprise Clusters in India and Indonesia, an Evolutionary Perspective ［M］. European Institute for Comparative Urban Research （Euricur）, Erasmus University, 1997.

［246］ Van Lancker J, Mondelaers K, Wauters E, et al. The Organizational Innovation System: A systemic framework for radical innovation at the organizational level ［J］. Technovation, 2016 （52）: 40 –50.

［247］ Vanhaverbeke W, Roijakkers N, Lorenz A, et al. The importance of connecting open innovation to strategy ［M］ //Strategy and Communication for Innovation. Springer, Cham, 2017: 3 –15.

［248］ Vanhaverbeke W. The interorganizational context of open innovation ［J］. Open innovation: Researching a New Paradigm, 2006: 205 –219.

［249］ Wang Y, Vanhaverbeke W, Roijakkers N. Exploring the impact of open innovation on national systems of innovation—a theoretical analysis ［J］. Technological Forecasting and Social Change, 2012, 79 （3）: 419 –428.

［250］Wasserman S, Faust K. Social Network Analysis: Methods and Applications ［M］. Cambridge university press, 1994.

［251］Watts D J, Strogatz S H. Collective dynamics of "small-world" networks ［J］. Nature, 1998, 393 (6684): 440.

［252］West J, Bogers M. Leveraging external sources of innovation: A review of research on open innovation ［J］. Journal of Product Innovation Management, 2014, 31 (4): 814 –831.

［253］West J, Salter A, Vanhaverbeke W, et al. Open innovation: The next decade ［J］. Research policy, 2014, 43 (5): 805 –811.

［254］West J, Wood D. Creating and Evolving an Open Innovation Ecosystem: Lessons from Symbian Ltd ［J/OL］. SSRN 1532926, 2008. https: // papers. ssrn. com/sol3/papers. cfm? abstract_id = 1532926.

［255］Wilson J F, Popp A. Industrial Clusters and Regional Business Networks in England, 1750 –1970 ［M］. Ashgate Publishing, Ltd. , 2003.

［256］Xiaobao Peng, Wei Song, Yuzhen Duan. Framework of open innovation in SMEs in an emerging economy: Firm characteristics, network openness, and network information ［J］. International Journal of Technology Management, 2013, 62 (2/3/4): 223 –250.

［257］Xiaoren Zhang, Ling Ding, Xiangdong Chen. Interaction of open innovation and business ecosystem ［J］. International Journal of u-and e-Service, Science and Technology, 2014, 7 (1): 51 –64.

［258］Yin R K. Applications of Case Study Research ［M］. Sage, 2011.

［259］Yin R K. Case Study Research and Applications: Design and Methods ［M］. Sage publications, 2017.

［260］Zou B, Guo F, Guo J. Antecedents and outcomes of breadth and depth of absorptive capacity: An empirical study ［J］. Journal of Management & Organization, 2019, 25 (5): 764 –782.

后　记

　　《开放式创新与创新网络演化：基于案例与多主体建模仿真的探索性研究》是 2020 年底由笔者申请、获批，并于 2022 年底主持完成的辽宁省社会科学规划基金项目——"辽宁省制造业创新网络演化路径及网络创新绩效评价研究（L20CGL018）"的最终成果。

　　在课题申请、成果写作大纲的制定及写作过程中，多次得到大连理工大学苏敬勤教授和大连海事大学刘家国教授的精心指导，以及宁波大学赵利娟老师的中肯建议。

　　在研究和写作过程中，笔者参考和吸收了诸多专家和学者的研究成果，并尽可能地在注释或参考文献中列出，在此，对相关专家和学者们表示由衷的谢意。

　　本书的出版得到了经济科学出版社的大力支持和帮助，在此表示诚挚的感谢！

　　由于笔者水平有限，本书的观点和论述表达难免有不成熟的地方，恳请学术同行批评指正！

程　露

2022 年 10 月于大连海事大学